小煤矿精细化管理
研究与实践

▶ 李开学 曾天地 韩贵刚 吴再生/著 ◀

重庆大学出版社

内容提要

本书依据现代企业先进的管理理念,从小煤矿安全生产技术条件与管理现状出发,针对煤矿安全管理、技术管理、装备配备、安全职责、隐患整治、资金保障等薄弱环节,从管理、技术、财务等方面进行了研究。

本书主要研究了精细化管理理论与运行机制,提出或改进了巡视式、隐患闭环式、REC、奖惩精细化管理理论与方法,从财务管理、生产安全管理、人力资源管理、"三违"与事故管理等方面构建了精细化管理平台,制订了实施精细化管理的运行机制;分析了重庆小煤矿的实际情况,结合国家、重庆煤炭产业政策与要求,研究采掘机械化配套技术与管理模式;总结提炼了精细化管理案例,可供借鉴与推广。

本书适用于煤矿管理人员培训,也可作为广大矿业工程技术人员的参考书。

图书在版编目(CIP)数据

小煤矿精细化管理研究与实践 / 李开学等著. -- 重庆 : 重庆大学出版社, 2021.5
ISBN 978-7-5689-0905-1

Ⅰ.①小… Ⅱ.①李… Ⅲ.①小煤矿—煤矿企业—工业企业管理—研究 Ⅳ.①F407.216

中国版本图书馆 CIP 数据核字(2017)第 280432 号

小煤矿精细化管理研究与实践

李开学 曾天地 韩贵刚 吴再生 著
策划编辑:周 立
责任编辑:李定群 刘玥凤 版式设计:周 立
责任校对:刘志刚 责任印制:张 策
*
重庆大学出版社出版发行
出版人:饶帮华
社址:重庆市沙坪坝区大学城西路 21 号
邮编:401331
电话:(023)88617190 88617185(中小学)
传真:(023)88617186 88617166
网址:http://www.cqup.com.cn
邮箱:fxk@cqup.com.cn(营销中心)
全国新华书店经销
POD:重庆新生代彩印技术有限公司
*
开本:787mm×1092mm 1/16 印张:6 字数:145千
2021 年 5 月第 1 版 2021 年 5 月第 1 次印刷
ISBN 978-7-5689-0905-1 定价:48.00 元

前　言

本书是重庆小煤矿精细化管理研究与实践项目主要研究成果之一。本书依据现代企业先进的管理理念,从小煤矿安全生产技术条件与管理现状出发,针对煤矿安全管理、技术管理、装备配备、安全职责、隐患整治、资金保障等薄弱环节,从管理、技术、财务等方面进行了研究。

本书主要研究了精细化管理理论与运行机制,提出或改进了巡视式、隐患闭环式、REC、奖惩精细化管理理论与方法,从财务管理、生产安全管理、人力资源管理、"三违"与事故管理等方面构建了精细化管理平台,制订了实施精细化管理的运行机制;分析了重庆小煤矿的实际情况,结合国家、重庆煤炭产业政策与要求,研究采掘机械化配套技术与管理模式;总结提炼了精细化管理案例,可供借鉴与推广。

在项目调研过程中,得到綦江、荣昌、开州等煤管局,以及藻渡煤矿有限公司、成远煤业公司、高升煤矿等的大力配合。在著书过程中,还得到了重庆工程职业技术学院、重庆煤矿安全监察局、重庆市煤炭工业管理局、重庆煤炭学会等领导的大力支持。在此表示感谢!

本书由李开学、曾天地、韩贵刚、吴再生著,骆大勇、庞成、田卫东、杜志军、黄阳全、孙国文参与,欧才全、邓凤梅、王守才、文世元、王智力、杨性斌、梁平等提出了宝贵意见,最后由李开学统稿完成。

因著者水平有限,书中难免存在一些缺点和不足,恳请专家、学者不吝批评与赐教!

李开学

2021 年 1 月于重庆

目录

第 1 章
精细化管理综述

煤矿企业是世界上最复杂的企业形式,不仅包括其他企业所有的人、财、物、产、供、销的管理,还有着特殊的采煤、掘进、机电、通风、运输以及防治顶板、防水、防火、防瓦斯、防煤层自燃等各类安全管理,因此,煤矿是管理创新和管理理论滋生的摇篮。著名的管理学宗师亨利·法约尔就曾经担任过多年的煤矿矿长。煤矿企业管理是指在煤炭生产企业这个特定的组织中,根据内外环境和条件的变化,对组织所拥有的资源进行有效的计划、组织、领导和控制的活动和过程。煤矿企业管理包括战略管理、人力资源管理、财务管理、物流管理、生产管理、安全管理和企业文化建设等方面。

1.1 基本概念

精细化管理产生于第二次世界大战后的日本,最初运用于生产制造领域,后因成效显著被欧美的一些国家采用并拓展到其他领域,成为一种通用的管理思想与管理技术,于 20 世纪90 年代末引入我国并开始试行。精细化管理是通过标准化、数量化的管理工具,强调对管理对象和流程的严密管控,最大限度地节约资源、降低成本、提高效益。

关于精细化管理的概念,国内外都还没有一个明确的定义。现代管理学认为,科学化管理有 3 个层次:第一个层次是规范化,第二个层次是精细化,第三个层次是个性化。有的专家认为,精细化管理是相对于粗放式管理而言的,是以建立科学流程为核心,强调管理过程的数量化和精确性,是更为高效、更为节约的一种现代企业管理模式。作者通过研究认为,精细化管理是指企业为适应集约化和规模化的生产方式,建立目标细分、标准细分、任务细分、流程细分,实施精确计划、精确决策、精确执行、精确控制、精确考核的一种科学管理模式。精细化管理要求落实管理责任,将管理责任具体化、明确化;要求每一个管理者都要到位、尽心尽职,一次就把工作做到位,日清日结,及时检查、发现问题并纠正、处理问题等。

精细化管理是企业运行的核心工程。它的精髓在于企业需要把握好产品质量精品的特性,处理好质量精品与零缺陷之间的关系,建立确保质量精品形成的体系,为企业形成核心竞争力和创建品牌奠定基础。它的精密在于企业内部凡有分工协作和前后工序关系的部门与环节,其配合与协作需要精密,与企业生存、发展的环境的适宜性需要精密,与企业相关联的机构、客户、消费者的关系需要精密。它的本质在于它是一种对战略和目标分解细化和落实的过程,是使企业的战略规划能有效贯彻到每个环节并发挥作用的过程,同时也是提升企业整体执行能力的一个重要途径。

企业要构建"精细化管理模式",最重要的是要结合自身的实际情况,按照"精与细"的思路,找准关键问题、薄弱环节,分阶段进行,不断总结成果,形成相关体系,充分发挥精细化管理的功能、效果和作用。同时,在实施精细化管理的过程中,要有规范性与创新性相结合的意识,"精细"的境界就是将管理的规范性与创新性更好地结合起来,把企业引向成功。

1.2 理论渊源与内容

精细化管理借鉴了人类发展历史过程中很多有价值的管理学研究成果,其中,与之联系最为紧密的是泰勒的科学管理和戴明的为质量而管理,尤其是以精益生产为旗帜的丰田生产方式(简称TPS)。这些管理成果有一个共同的灵魂,即科学与效率。所不同的是,泰勒科学管理只注重工人的现场操作,戴明的质量管理扩大到了质量的方方面面,丰田生产方式则广泛地延伸到了企业的生产系统,而我们提出的精细化管理则试图使精细化管理的理论与实践贯穿于企业管理的全部系统。

1.2.1 理论渊源

精细化管理的理论渊源主要始于泰勒的科学管理、戴明的为质量管理和丰田生产方式。

(1)泰勒的科学管理

弗雷德里克·W.泰勒(Frederick W Taylor)(1856—1915),美国工程师和发明家,先后获得了100多项专利。泰勒以10或者15个特别擅长某一特定工作的人为例,提出了提高工作效率的主要途径如下:

①研究每个人精确的一系列基本操作或运动,以及每个人所使用的工具。

②用跑表来计算完成每个基本活动所需要的时间,然后选择完成某一工作每一部分的最快方式。

③去掉所有错误的、缓慢的、无用的动作。

④把最快最好的动作和最好的工具收集成一个系列。

斯图尔特说:泰勒现在是一种时尚,但重要的是要记住"科学管理"是一大飞跃,不仅是从生产力方面,而且就劳动者的尊严而言也是如此。

(2)戴明的为质量而管理

W.爱德华兹·戴明(W. Edwards Deming)(1900—1993),美国人口普查的首席统计学家。戴明的观点是"为质量而管理",管理层要对出现的问题负90%的责任。1950年,他对日本的工业家做了一系列有关"质量控制"的讲座,日本科学家与工程师联合会则于1951年设立了年度"戴明奖"。丰田汽车在东京的总部大楼大厅里显眼的地方挂着 3 幅肖像画,分别是丰田公司的创始人、丰田公司现任总裁和 W.爱德华兹·戴明。戴明从管理目标、创新思维、领导艺术、持续精细改进、职业培训等方面提出了著名的 14 要点:

①创造产品与改善服务的恒久目标。

②采用新的(管理)哲学。

③运用并构建领导艺术。

④持续不断地改善计划、生产和服务的每一个环节。

⑤实行岗位培训。

⑥要有一个强而有效的教育培训计划,以使每个员工得到自我提高。

⑦使公司的每个员工在自己的工作岗位上各得其所,以完成公司的改革。

⑧驱走恐惧心理。

⑨消除员工之间的隔阂。

⑩要使员工都能感到他们的技艺和本领受到尊重,取消年度评比或评优机制。

⑪不能只对员工喊口号、下指标来提高质量。

⑫不要对管理人员设定量化的任务和管理目标。

⑬不要依靠检验去保证产品质量。

⑭不要只以价格高低来决定采购对象;相反,要与单个合作,以最大限度地降低总成本。

研究表明,质量是产品和服务满足顾客需要的程度;质量保证是为了达到或维护质量,由组织制定的一整套政策、规则的系统;质量工程指保证质量的一系列的设计;质量管理指对质量的评判及其处理,其目的是通过预防活动和修正措施来达到和维护质量标准。

质量差异来源于可指出因素和一般因素。可指出因素有工具磨损、机器安装不当、原材料质量不达标、人员操作失误等。一般因素有材料限制、环境条件、人员情绪等引起的随机性和可能的差异,很难控制。因此质量管理关注的重点是可指出因素。

(3)丰田生产方式

丰田生产方式(TPS-Toyota Production System),即我国管理学家认为的精益生产,始于丰田佐吉,经丰田喜一郎发展完善,到大野耐一成形。《丰田生产方式》出书始于 1978 年 3 月,我国翻译出版于 2006 年 8 月。在大野耐一主持下的 40 年代中开始的"多品种,少批量"的丰田生产方式,目的在于"彻底杜绝企业内部各种浪费,以提高生产效率"。

①"准时化(JIT)和自动化(Jidoka)"是贯穿丰田生产方式的两大支柱。准时化就是在流水作业装配一辆汽车的过程中,所需要的零部件在需要的时刻,以需要的数量,不多不少地送到生产线旁边。自动化不是单纯的机械"自动化",而是包括人的因素的"自动化"。"人性自动化"的精神产生于丰田公司的创始人丰田佐吉(1867—1930)发明的自动织布机(经线断了一根或者纬线用完,织布机立即停止运转)。机器的高速化使得工厂稍微发生一些异常情况就非常麻烦,不同规格的材料混进了机器或边角料卡住了模具,设备和模具就会损坏;丝锥一旦折断,就会造出没有螺纹的堆积如山的不合格品。丰田公司的任何一个工厂几乎所有的机器设备(包括新的和旧的)都装有自动停止装置:"定位停止方式""全面运转系统""质量保险装置"。人只是在机器发生异常情况、停止运转的时候才需要,一个人可以管理几台机器。自

动化的关键在于赋予机器以人的智慧,同时还要设法让操作者的单纯"动作"变成"工作",使人与设备有机联系起来。为了便于理解,我们把丰田汽车的两大支柱通俗解释为:准时化就是刚好来得及,自动化就是故障自己停。

②"均衡生产"是丰田生产方式的一个重要条件。"看板"方式对于缩减工时、减少库存、消灭次品、防止再次发生故障起到巨大作用。彻底找出无效劳动和浪费现象并着手消除,是丰田的务实态度。把物、机器和人的作用组合起来的过程称为"作业的组合",而这种组合集中起来的结晶就是"标准作业"。

③标准作业表的周期时间、作业顺序和标准存活量,称为标准作业表 3 个要素。周期时间是指生产一件工件或一辆汽车需要的时间,这是由生产量(即需求量)和机器的开动时间来决定的。1 d 的需求数量,以劳动时间除 1 个月的需要数量就能算出来。所以,周期时间就是 1 d 的需要数量除劳动时间得出的结果。作业顺序是指操作人员在运送工件、机器上下物件时,按时间先后排列的工件加工顺序(但这不是产品沿着流水线移动的作业顺序)。标准存活量是指作业时一些必要工程上的在制品以及停留在机台的物品数量。

丰田生产方式提出了准时化、自动化、均衡生产、标准作业表等精细化管理方式。

1.2.2 内容

精细化管理是一个全面化的管理模式。全面化是指精细化管理的思想和行为要贯彻到整个企业的所有管理活动中。精细化管理包含以下 5 个部分:

(1)精细化的操作

精细化的操作是指企业活动中的每一个行为都有一定的规范和要求。企业的每一个员工都应遵守这种规范,从而让企业的操作更加科学化、规范化和标准化,为企业的拓展提供可推广性、可复制性。

(2)精细化的控制

精细化的控制是精细化管理的一个重要方面。它要求企业业务的运作要有一个流程,要有计划、审核、执行和回顾的过程。控制好这个流程,就可以大大减少企业生产运作的失误,杜绝部分管理漏洞,增强流程参与人员的责任感。

(3)精细化的核算

精细化的核算是管理者要清楚认识自己经营情况的必要条件和最主要的手段。这就要求企业的经营活动凡与财务有关的行为都要记账、核算,并通过核算去发现经营管理中的漏洞和污点,减少企业利润的流失。

(4)精细化的分析

精细化的分析是企业取得核心竞争力的有力手段,是进行精细化规划的依据和前提。精细化分析主要是通过现代化的手段,将经营中的问题从多个角度去展现和从多个层次去跟踪。同时,还要通过精细化的分析,去研究提高企业生产力和利润的方法。

(5)精细化的规划

精细化的规划是最容易被管理者忽视的一个问题,然而精细化规划却是推动企业发展的一个至关重要的关键点。企业的规划包含两个方面:一方面是企业高层根据市场预测和企业的经营情况而制订的中长期目标,这个目标包括了企业的规模、业态、文化、管理模式和利润、权益等;另一方面是企业的经营者根据企业目标而制订的可以通过努力而实现的计划。所谓精细化的规划则是指企业所制订的目标和计划都是有依据的、可操作的、合理的和可检查的。

1.3　国内外研究现状

1.3.1　国外研究现状

科学管理之父泰勒(Taylor)是提出精细化管理思想的第一人。1911 年他出版的《科学管理原理》一书成为世界上第一本关于精细化管理的著作。泰勒认为,只有用科学化、标准化管理替代传统经验管理,才是实现最高工作效率的手段。这种管理思想极大地推进了西方早期工厂管理向科学管理的发展。

精细化管理思想主要来源于日本的精益生产管理理论。"精益生产管理"最初是一种生产管理模式,源自 20 世纪中期的日本丰田汽车公司,其基本思想是通过寻找并清除生产过程中产生的浪费现象以最终减少生产成本。丰田将浪费现象(包括生产作业成本和人力资源成本)作为最大的罪恶。正如丰田生产方式的创始人大野耐一所说:"只有使无效劳动浪费成为零而使工作比例接近百分之百,才是真正地提高效率。"精细化管理极大地促进了日本工业发展,并已成为一部国际通用的企业教科书,被称为"改造世界的机器"。其实质是管理过程的精细化,包括组织结构、操作程序和生产流程等的优化,从而减少浪费,最终实现拉动式的生产方式。

1996 年詹姆斯·沃麦克(James Womack)和丹尼尔·琼斯(Daniel Jones)出版了《精益思想(Lean Thinking)》,至此,精益生产方式由经验变成了理论。随着精益思想在各个行业广泛应用,随后产生了精益建筑(Lean Construction)、精益服务(Lean Services)、精益物流(Lean Logistics)和精益供给(Lean Sustainment)、精益医疗保健(Lean Healthcare)、精益软件开发(Lean Programming)和精益政府(Lean Government)的概念。

Rajiv Saxena 指出:虽然精细化管理经常被应用到生产制造中,但是精细化管理思想对于物流领域也同样适用,并且可以获得可观的收益。通过对北美的仓储物流的实证分析,应用精细化管理思想,减少了企业不必要的浪费,使企业增加了 800 万美元的收益。

Oliver Schneider 和 André Lindner 指出:企业原材料供应和有效物流管理通过间接效益影响企业的现金流,进而直接影响企业盈利能力。通过开展精细化管理,给企业带来直接和间接效益,使企业和客户实现双赢,这也恰恰体现了精细化物流管理的价值所在。

Thomas Bortolotti 和 Pietro Romano 等对应用精细化管理思想在服务业进行实证分析,对比分析后提出一种应用模式:首先实现精细化管理,其次开展自动化管理,这种模式可以提高企业效益。

摩托罗拉公司(Motorola)首席执行官鲍伯·高尔文(Bob Galvin)提出"六西格玛"的管理思想,即在 100 万次作业中,有三四个缺陷,或保持 99.999 6% 的良好水平。在他领导的大力改革下,企业开始了"六西格玛"质量管理之路。

通用电气公司 GE 公司的前任首席执行官杰克·韦尔奇(Jack Welch)提出"六西格玛"改进方法 DMAIC(Define、Measure、Analyze、Improve、Control)和"六西格玛"设计方法 DFSS(Design For Six Sigma)。哈恩(Hahn)指出了 20 条关于"六西格玛"的经验:要按照恰当的时间去做事,强调把理念普遍深入地灌输到每个人,强调"六西格玛"设计和可靠性设计,注意顾客对品质特性的评价和进行计划以得到准确数据等。

可见,国外对煤矿精细化管理的研究十分有限,对煤矿精细化管理影响因素的相关研究更是少之又少,但是已经将精细化管理广泛应用到企业管理的实践当中。事实证明,企业通过精细化管理实践,可增加核心竞争力,在经济全球一体化的现实竞争中,保持着良好的发展趋势。

1.3.2　国内研究现状

在能源日益枯竭的情况下,煤炭作为我国的重要能源储备,精细化管理成为企业占领市场的有力武器。现代煤炭产业的有序发展离不开细节管理,1% 的错误也会导致 100% 的失败。企业的成功离不开细节的持续改进,人们对生活精致化的追求决定了细节改进的导向,而细节改进过程就是精细化过程。

我国关于煤矿精细化管理研究主要集中在 3 个方面:一是对精细化管理定义的研究;二是对精细化管理思想在煤矿企业管理中的相关理论研究;三是对精细化管理思想在煤炭管理中的实践应用研究。

(1)关于精细化管理定义的研究

在国内,精细化管理的概念还没有一个明确的定义,我国学者对此主要有下面几种观点。

刘先明于 2001 年提出"精细管理工程"的概念,成为我国精细管理工程的奠基人。"精细管理工程"由最初"五精四细"被扩充发展为"六精五细"。随着这个概念被广泛传播和逐步渗透,越来越多的企业也将"六精五细"的思想运用到企业的实际操作中。"六精"是指培养企业精神、运用管理精髓、精通技术手段、提高质量精品、精通营销策略和精于财务核算,"五细"是指细化产品市场、细化职能岗位、细化决策指令、细化组织程序和细化作业成本。

舒化鲁在《精益化、精细化和精确化管理异同》(2010 年)中指出,精益化管理和精细化管理都注重"精",但二者仍然有本质的区别。精益化管理强调企业有投入就要有对应的产出,否则就是浪费。而精细化管理则注重细节管理,强调企业在不同时间点上的投入。精益化管理强调的是结果收益,而精细化管理强调的是过程控制。

姜建雄和罗先初(2010 年)认为精细化管理更加强调对每一个细节的精益求精。精细化管理不仅是一种管理思想,更是一种管理文化。它要求从思想上要专注地做好每一件事;从方法上要协调包括企业运行、相关者和外部环境等在内的各项管理工作;在具体实施过程中,它注重基础和细节,以此提高管理效率。

(2)关于煤炭精细化管理的理论研究

将精细化思想和现代煤炭产业相结合,能给企业带来良好的发展契机,但这种结合仍然处于起步阶段。探讨煤炭精细化管理的相关理论研究十分有限,对于如何将精细化管理和煤炭产业有效结合,有待于进行更深入的分析和研究。

房红波在《煤炭企业精细化管理实施研究》(2009 年)中提出了煤炭企业实施精细化管理的重要意义,提出了我国煤炭企业实施精细化管理的 6 大特点:

①以文化建设为指引。

②以要素管理为主体。

③以信息化建设为支撑。

④以内部市场化为主线。

⑤以岗位价值为模式。

⑥以现场管理为基础。

此外,他还针对我国煤炭企业实施精细化管理的思想观念、应用实效、执行力、目标管理、素质差距等难题,提出了相应的解决措施和具体建议。

王炜嵬在《我国煤炭企业精细化管理策略》(2012 年)中指出:煤炭企业在市场经济环境下需要改变传统管理方式,需要从经验管理向精细化管理方向转变。当下的能源转型、煤炭企业科学发展、安全发展都要求煤炭企业实施精细化管理。在实施精细化管理过程中,需要从理论和实践角度对员工进行全面培训,需要建立人性化的管理制度,通过建立完善的制度达到实现精细化管理的根本目标。

李文学在《煤炭企业实施精细化管理策略探讨》(2013 年)中认为:煤炭企业加强精细化管理有着重要意义。他从岗位职责、工作流程、工作目标、制度建设、产品质量、供销管理、员工教育、企业文化等方面,探讨了生产性煤矿企业实施精细化管理的方式方法,为应对世界经济一体化的竞争形势,强调煤炭企业必须建立完整、高度集成的精细化管理体系。

薛近近在《煤炭企业实施精细化管理策略探讨》(2014 年)中提出:国有企业迫切需要对传统的管理思想和管理方式进行整体的、深刻的改造,以提升企业管理素质,升化管理层次。只有这样,才能使企业取得未来参与国际竞争的入场券。精细化管理是一种意识,一种理念,一种认真的态度,一种精益求精的文化。随着社会分工越来越细和专业化程度越来越高,实施精细化管理已成为企业做大、做强、做久、做优的根本途径,也是提高企业核心竞争力,决定企业未来的必由之路。

成晓凌在《煤炭企业精细化模式研究》(2015 年)中认为:煤炭作为我国的主体资源之一,其企业的发展对促进国民经济的发展具有重要的作用。但是,就目前国内煤炭企业的发展而言,我们发现处在信息时代的煤炭企业并未利用技术优势来改进自身的管理模式,粗放管理、资源浪费、预算不科学等现象,这些现象的频繁出现严重影响了煤炭企业的可持续性发展。要想改变现状,提高煤炭企业的竞争力,促进经济的发展,煤炭企业就需要不断改变传统理念,积极创新,将精细化管理模式融入自身的发展进程中。作为一名与煤炭事业有关的人员,就有义务将有关煤炭企业精细化管理模式的研究提上工作日程,并结合多年的工作经验以及相关的期刊文献,就如何促进煤炭企业精细化管理进行探讨。

(3)关于煤炭精细化管理的应用研究

随着精细化思想在煤炭管理理论研究领域的深入,我国一些大型煤炭企业开始积极探索精细化管理思想的实际应用。通过转变传统意义的煤炭安全生产思想,强化现代煤矿企业的服务意识,将精细化管理思想应用到实际业务操作中,开拓创新管理,提高了企业的经济效益。这些企业中具有代表性的主要包括中国神华能源股份有限公司神东煤炭分公司、大同煤矿、淮南矿业集团物资供销分公司等。

中国神华能源股份有限公司神东煤炭分公司在 2002 年首次提出企业资产管理 EAM(Enterprise Asset Management,EAM)系统,并按照系统要求,进行组织机构重构和流程优化。采用 EAM 系统极大提高了计划管理水平,为规范采购管理提供了有效工具;通过流程化管理,实现对库存工作的精细化管理,优化了库存量。

大同煤矿 2005 年通过推进信息化进程,完成了精细化管理系统的构建,从而在物资供应管理方面发生了 3 个转变:从粗放经营向细化和量化经营转变,从静态管理向动态管理转变,从事后追踪向事前控制转变。

2006 年,淮南矿业集团物资供销分公司开展了供应精细化管理,通过文化渗透、人才培养和标准化建设等措施,形成了 4E(Everyday、Everyone、Everything 和 Everywhere)精细化管理标准体系。标准体系为绩效考核提供了依据。4E 体系具体包括:每一天的管理活动、每一位参与人员、每一个具体环节和每一处的管理得失。

第**2**章
精细化管理理论方法研究

精细化管理是企业为适应集约化和规模化的生产方式,建立目标细分、标准细分、任务细分、流程细分,实施精确计划、精确决策、精确执行、精确控制、精确考核的一种科学管理模式。精细化管理是建立在现代企业管理与安全管理的基础上,更加标准化、数量化、细致化、高效化的一种管理模式。通过学习、借鉴与研究国内外精细化管理思想与理论,本章将介绍巡视式精细化管理、隐患闭环精细化管理、REC 精细化控制管理和奖惩精细化管理这 4 种理论方法。

2.1 巡视式精细化管理

巡视管理(Management By Wandering Around,MBWA)是指高层主管利用工作时间经常前往各个办公室、生产场所,以获得更丰富、更直接的员工工作问题,并及时了解所属员工工作困境的一种策略。依据此管理方式,经深入现场调研与分析,提出了巡视式精细化管理理论。

巡视式精细化管理是一种强调企业决策层与管理层之间、管理层与操作层之间加强沟通、交流,对作业现场人员、设备、环境安全进行监督检查的现代管理方法。这种管理方法强调各级管理人员要经常深入基层发现与解决实际问题,是极具效力传递信息与直接监管的方式,对强化煤炭企业安全生产管理工作,提高安全生产水平具有重要意义。

2.1.1 作用

巡视式精细化管理的主要作用如下:

(1)深入现场,掌握实际情况

管理人员经常前往井下采掘工作面、机电硐室及其他重要地点,直接了解更丰富、更直接的问题,掌握矿井生产安全第一手情况。

(2)加强沟通

管理人员在巡视过程中,与各级人员进行交流与沟通,可以及时、可靠、全面地掌握各方面的情况,为今后的准确、果断、精准决策打下坚实的基础。

(3)交流情感

管理人员经常深入生产现场,可以与一线员工直接交流,了解他们的想法、看法和意见,拉近上、下级之间的关系,加强情感交流,消除一些由于隔阂而产生的误会和误解,产生相互间的信任从而更好地配合。这样管理层在决策时,考虑的面会更广、更全面。

(4)监督工作

实行巡视式精细化管理,是对煤炭企业的各项工作进行经常性检查与指导,特别是对直接下属的工作情况进行的经常性检查,有利于督促下属更努力、更主动、更积极、更有效地工作。

2.1.2 理念培植

任何一种管理文化的形成都有一个时间过程,需要多数人的认同和自觉参与。对煤矿企业来讲,一种新的管理理念的建立也不例外。在实施精细化管理过程中,应高度重视各级领导的巡视式管理意识的培植,主要应从以下3个方面入手:

(1)加强理论学习与研究

仔细学习研究关于精细化管理方面的理论和实例,如《态度决定一切》《细节决定成败》《本田汽车案例》《精细化管理》和《管理创新与领导艺术》等。要求各级管理人员阅读学习研讨,为推行精细化管理提供理论依据,在思想上意识到实施精细化管理是实现企业走向成功的必由之路。

(2)融入先进经验

一是解放思想,开阔视野,为推行精细化管理从思想上铺平道路;二是学习先进的企业管理理念和管理方法,把先进的企业管理经验融入精细化管理过程中,以提升企业的管理水平。

(3)宣传教育

巡视式精细化管理相对传统的管理来说,是企业管理的一种改革与创新。任何一种变革都要从宣传教育开始。从推行精细化管理起,就注意宣传教育工作,开辟精细化管理专栏,宣传精细化管理知识,报道精细化管理成功的案例。通过各种形式的宣传教育,使精细化管理理念深入人心,使全体员工认识、认同并自觉主动参与。

2.1.3 要求

按管理者的地位与作用不同,可将管理层次分为决策层、管理层和操作层。其中,管理层承上启下,起着桥梁和纽带作用。在推行巡视式精细化管理中,管理层既是管理者,又可能是执行者,因此,要求管理层要重点掌握和运用。若管理得当,既能给科室和区队以示范和带动作用,又能使各方面的工作落到实处。

(1)基本素质要求是"精"

巡视式精细化管理对管理层的基本素质要求,总体上说是"精"。具体体现为:

1)工作安排部署要"精"

应当做到严密周到,凡事预则立,不预则废。在组织实施上,方法要符合实际、灵活多样、分清步骤,根据管理对象的特点和特长安排工作,充分发挥每个人的特长。

2)工作过程要"精"

善于组织,及时协调,对发现的矛盾和问题,积极主动研究对策,及时予以纠正,解决工作中的实际问题,推进工作的顺利进行。

3)工作总结要"精"

在巡视工作之后,不仅限于巡视任务完成了事,还应及时进行总结,研究规律和特点,明了优势和不足,提出注意事项和对策。

4)创新思维要"精"

巡视式管理体现在创新上,能及时学习新思想,接受新理念,掌握新方法,运用新技术。从创新的角度去观察问题,从新的视角去发现问题,从新的起点去处理问题,使工作有新起色和新局面。

(2)管理功力要求是"细"

巡视式精细化管理对管理层的管理功力要求,总体上说是"细"。具体体现为:

1)在运作上要"细"

事前详细考虑,多想几套可行方案,多考虑几种可行办法,多问几个为什么,从而优中选优,好中取好,实施起来就会容易得多,就会更加得心应手。

2)在巡视过程中要"细"

在巡视过程中要仔细留心,严密观察,加强检查,不仅要发现员工的优点,以此提高工作效率,降低运行成本,而且还能找出工作中存在的问题和不足,及时改进工作方法,取得预期的效果。

3)在细节上要"细"

管理层要以自己的行动做出表率,带动广大员工,多与员工沟通交流,指导他们按时、保质保量完成工作,把他们的思想引导到工作中去;多关心员工,了解他们生活工作中的实际困难,以解除他们的后顾之忧;多指导员工,培养其操作技能,避免工作中的差错和失误。

2.1.4　运行模式

推行巡视式精细化管理,要求各级人员按管理权限、岗位职责要求,深入生产一线,实现重心下移,最终达到管理无漏洞、无死角。把重点放在生产任务完成质量、安全隐患排查与整改、质量标准化、文明卫生动态达标、作业计划落实兑现、规章制度执行等方面,要实现管理的动静结合,要求干部把60%的精力放在现场管理上,40%的精力用于分析问题、思考现状、研究对策和提出思路。巡视式精细化管理运行模式如下:

(1)坚持"带着问题下、发现问题查、解决问题上"的原则

带着问题下井,明确下井的任务与目的。能在现场解决的问题,必须现场解决;现场暂不能解决的问题,上井后交由相关部门汇总,查找原因,分清责任,进行安排落实、复查、形成闭合。属安全隐患的问题,按安全隐患整改管理办法执行,由安检科考核。

(2)创新解决问题的方法与途径

以《煤矿安全规程》《煤矿安全生产质量标准》和《操作规程》等为载体,寻找现场采掘生产、灾害防治、质量标准化、文明卫生、设备设施维护与保养、职工岗位操作等与《标准》《规程》之间的差距，创新性地寻求解决问题的方法与途径，着实解决安全生产中的问题。

(3)使用管理卡，实现"双向互动"管理

决策层、管理层领导到现场时，要使用"领导巡视式精细化管理卡"。在巡查时，发现问题要及时纠正，并认真填写在卡片上；对不能及时处理的问题，也要如实填写在卡片上，并让该作业区的现场负责人签字。同时，也要在所巡查作业区的现场管理负责人检查卡上签字，以此实现"双向互动"管理。管理卡见表2.1。

表2.1　××煤矿领导巡视式精细化管理卡

序　号	巡查地点	存在的问题	处理意见	备　注
1				
2				
3				
4				
检查人：　　　作业现场负责人：　　　检查时间：20　年　月　日				

(4)履行反馈责任，实现信息畅通

巡视式精细化管理卡可由调度室统一发放、收回、保管。管理者巡查后交由上一级领导审阅签字，即矿党政正职对副职签字，副职对分管的科室、区队正职签字。调度室每天由专人将巡查发现的遗留问题如实登记清楚，以问题反馈通知单的形式及时将所发现的问题、隐患反馈到责任单位、部门和分管领导。责任单位指定承接人，在规定时间内能整改完善的，不予处罚；若在限期内不能整改完毕，也没有特殊情况和理由的，对承接人、责任人连带按相关规定进行罚款。

(5)及时统计分析，做好考核

调度室负责人每旬对管理者巡视式管理次数、班次、巡查区域、岗位及解决问题的数量、处理结果等情况进行综合分析后，提出整改措施和书面意见，及时向有关领导汇报，以便掌握每个管理者每旬的工作情况和生产管理中存在的问题，并汇总进行考核。凡不按规定次数、范围和要求进行巡视式精细化管理的干部，每发现一次可罚款100~200元，累计计算，一月一结一兑现，3个月为一小结，若3个月均为考核最差的干部，将由矿领导和组织部门给予诫勉谈话、黄牌警告、调离岗位直至撤职等处罚。

(6)规定巡视式精细化管理频率

矿级领导每月至少巡查10次，科级领导每月至少巡查15次，队级领导每月至少巡查20次，班组级领导每班必须巡查。

总之，巡视式精细化管理要求每个管理者要留心、用心，要"精细"。特别对决策层、管理层来讲，要做到脑勤多思考，眼勤多观察，手勤多记录，腿勤多巡视，人勤身不懒，这样，巡视式精细化管理的目标才能够真正实现。领导干部入井带班制度便是巡视式精细化管理的具体体现。

【案例】

××煤矿有限公司矿级领导入井带班制度

根据上级有关文件精神，并结合公司实际情况，为了及时、准确地治理排查现场事故隐患，全面掌握矿井井下各采掘工作面的动态变化情况，及时解决现场突发隐患和事件，特制订本制度。

(1)矿级管理入井带班人员

矿级管理入井带班人员范围包括：董事长、矿长、总工、4 个副矿长及各副总。

(2)入井带班人员的职责

矿级入井带班人员负责监督检查通防队、掘进队、采煤队、机电队、运输队、机电车间等执行《安全规程》《作业规程》《操作规程》及有关法律法规情况，对井下瓦斯、顶板、煤尘、水害、火灾、矿压等灾害进行监控，发现安全隐患，及时安排相关部门整改完善。掌握各采掘工作面的动态变化情况，并对重点头面进行重点监控，解决安全生产过程中出现的问题。重点工作如下：

①采掘工作面遇地质构造带及顶板破碎带。

②采掘工作面瓦斯涌出异常地点。

③需采取防突措施的采掘工作面。

④下煤系统和煤仓堵塞疏通。

⑤采面周期来压与初次放顶期间。

⑥采面强制放顶回柱期间。

⑦各采面收尾期间。

⑧井下巷道贯通工作期间。

⑨采面伪顶未下期间。

⑩过老巷工作期间。

⑪冒顶部位上冲期间。

(3)带班次数规定

每月由安全矿长组织编制矿级入井带班人员带班班次及天数，并负责调整矿级带班人员的出差、休息等带班班次，不得出现空班。确保每个班次至少有 1 名矿级带班人员在现场带班作业，与工人同进同出。编排时，必须保证早中夜 3 班均有矿级带班人员入井带班，每班在井下工作时间至少 8 h。

下井带班天数。①企业法人、矿长与技术负责人：≥5 d/月（下井天数：≥10 d/月）；②安全、生产、机电副矿长：≥10 d/月（下井天数：≥15 d/月）；③后勤副矿长：≥3 d/月；④副总：≥11 d/月（下井天数：≥18 d/月）。详见每月带班计划表。

由安全副矿长负责监督调度室对入井带班人员是否遵守规定进行公示，接受群众监督，带班人员公示栏设在调度室外。

（4）带班人员考核办法

①带班人员入井跟班前，必须先到调度室进行登记，由调度室负责挂牌公示。

②每班必须向调度室至少汇报3次，汇报所到工作面的安全生产及隐患排查治理整改情况。当班出井后到调度室填写完善各种记录台账。

③凡无故缺勤者，造成空班失控的，罚款200元/次，并在当月工作质量考核及年度评比中进行考核。

2.2 隐患闭环式精细化管理

隐患闭环管理是"零安全隐患管理"的延伸和提升，是一种目的性很强的有组织、有计划、有步骤地对企业管理中的安全隐患进行闭环管理的活动。

隐患闭环式精细化管理是对隐患的检查、记录、整改、监督、销号全过程的精细化管理，是从隐患的检查发现，到整改措施、方案的制订和落实，整改效果的验证，实现有效的闭合。将隐患从发现到整改完成都处在监督管理之下，使隐患排查治理工作成为一个"闭合回路"，从而形成"事事有管理、管理靠闭环、闭环保安全、安全促发展"的工作格局，确保隐患排查治理到位，有效遏制事故发生。因此，隐患闭环式精细化管理有利于及时发现问题和及时处理问题，有利于增强煤矿企业管理的针对性，有利于体现管理的系统性。它能有效解决安全管理中横不到边、纵不到底的问题，从而形成一种全员参与、上下互动的管理模式。

2.2.1 管理工作体系

隐患闭环式精细化管理是把事情解决在决策之前，把安全隐患消灭在萌芽状态，既要解决企业实际存在的问题，又要预见性地解决潜在的隐性问题，即预先评价——安全信息采集——辨识隐患——过程监控——最终消除隐患的精细化管理系统。以这一主线为流程，构建了安全隐患闭环式精细化管理工作体系。

（1）发现隐患

通过图纸会审、预先评价、实地检查、巡视式管理、各级部门检查和职工反映等多种渠道发现隐患，并上报隐患。要求各基层单位都要成立安全隐患闭环式管理小组，对本单位发现的隐患进行分类、登记、建立台账。按照"谁分管、谁负责"的原则，对分管部门进行划分。如某矿从矿井通风、瓦斯治理、采掘布置、顶板管理、机电运输管理、水害防治、应急救援、煤炭自然灾害防治、火工品管理、制度落实等方面安排了逐项排查。

（2）分析隐患

对采集到的各类隐患信息，及时由单位汇总并召开会议研究解决。本单位能够解决的由单位制订方案解决。对于隐患存在普遍性或不容易解决的上报分管部门，由分管部门筛选，能解决的及时解决；不能解决的困难上报给公司，由公司安全管理部门汇总，根据类别不同进行建档、分类，形成书面报告，然后研究、分析原因，制订方案加以解决。在分析过程中，要对发现的隐患进行严格剖析,必须做到以下 4 点:①层次性。一级考核一级,即:按照"职工——单位——分管部门——单位"的程序进行消除。②全面性。从管理者到每一名职工,从经营管理到安全生产,都要进行考核。③严肃性。考核做到"严"字当头、铁面无私、严格标准、严格要求,领导干部和工作责任人要以身作则,带头执行。④真实性。一切从实际出发,查实情、说实话、办实事、求实效,做到数据准确、过程真实、结果可靠。

(3)消灭安全隐患

对各种隐患实行责任到人,进行跟踪落实,同时下达重点隐患监控项目计划,进行重点监控。组织各业务部门每周进行 1 次安全隐患重点监控研讨会,通报重点监控的隐患按期整改情况,对隐患盯紧盯牢,直至隐患消除。

(4)持续改进

隐患消除以后,安全部门将隐患材料整理归档备查,并组织分管部门和专业人员再进行 1~3 次的集中检查。同时,还组织干部职工对照隐患,举一反三,进行学习和讨论,让干部职工熟悉隐患产生、发展的过程和应该接受的教训,让他们随着时间的不断推进和各种客观因素的变化而不断改进。

【案例】

××煤矿有限责任公司的《隐患排查治理体系》规定

为了建立安全隐患排查治理长效机制,消除生产工作中的安全隐患,防止和减少生产安全事故,根据公司关于抓好生产安全隐患排查治理工作的规定,结合我矿实际情况制订本制度。

1.安全生产隐患(以下称隐患)的范围

①职工违反安全生产法律、法规、规章、标准、规程和安全生产管理制度的规定,可能导致事故发生的人的不安全行为。

②因其他因素在生产经营活动中存在生产设备、设施、作业环境、生产组织和劳动保障方面,不符合安全生产的规定;工作场所未达到安全防护要求,可能导致事故发生的物的危险状态。

③其他管理上的缺陷。

2.隐患的分类

安全隐患分为一般事故隐患和重大事故隐患。

①一般事故隐患是指危害和整改难度小,发现后能够立即整改、排除的隐患。

②重大事故隐患是指危害和整改难度大,应全部或局部停产,需经过一定时间治理方能排除的隐患,或因外部因素影响致使本队长(单位)自身难以排除的隐患。

3.隐患排查整改的原则

(1)属地负责原则

安全隐患排查的工作按照"谁主管谁负责"的原则进行排查,由隐患所属队长负责落实治理措施。

（2）分级管理原则

一般事故隐患由队长负责人或有关人员立即组织整改。重大事故隐患由队长书面报告分管矿长。重大事故隐患报告内容应当包括：

①隐患的现状及产生原因。

②隐患的危害程度和整改难易程度分析。

③隐患治理方案。

（3）"四定"整改原则

对隐患的排查与整改坚持定项目、定人员、定措施、定完成时间的"四定"原则。整改措施包括：

①整改的目标与任务。

②采取的方法与措施。

③落实经费与物资。

④负责治理的机构人员。

⑤整改的时限要求。

⑥安全措施与应急预案。

4.隐患排查与整改责任

①安全部门定期组织安全生产管理人员和相关部门人员排查管理上的缺陷和事故隐患，建立隐患排查、登记、整改、验收、销案、管理台账，建立事故隐患档案，并按照分工实施监控管理。

②凡是已经发现又不能迅速消除的隐患，要逐项登记并采取可靠的防护措施，同时分管领导组织相关人员进行技术鉴定、安全评估，制订计划和措施，报矿长批准后落实经费，组织实施具体工作直到隐患排除、验收合格。

③矿长要对本单位隐患排查与整改工作全面负责，建立资金使用专项制度。

④矿长要对本单位事故隐患排查治理所需资金负责，专款专用。

⑤矿长要对采煤、掘进事故隐患排查整改负有统一协调和监督管理的职责。

⑥各队长、业务部门应开展经常性安全检查活动，对检查中发现的事故隐患，按职责权限及时予以处理；对不能解决的重大隐患，要提出专题报告，说明隐患情况、危害范围和解决方案，由矿组织研究处理。

⑦主要负责人、跟班安监员在规定的隐患整改期限内，要负责组织检查监督隐患情况、危害范围和解决方案，交由矿组织研究处理。

⑧在事故隐患治理过程中，应当采取安全防范措施及相应的应急预案。隐患排除前或排除过程中无法保证安全的，应当从危险区域内撤离作业人员，并疏散可能危及的其他人员，设置警戒标志，暂时停产、停掘或者停止使用。

⑨对及时排查重大隐患，积极整改且效果良好，有效防止事故发生的班组和个人给予表扬和奖励；对存在隐患却不积极组织处理的班组提出批评，给予处罚；对事故隐患不整改造成事故的班组和责任人予以从重处理。

2.2.2　影响隐患整改率的因素

通过调查分析研究,发现影响隐患整改率的因素见表 2.2 和如图 2.1 所示。

表 2.2　影响隐患整改率的因素分析表

序号	原　因	论　证	结　论
1	区队跟班队长对手交接班制度落实不到位	区队长没有落实交接班制度,未完成隐患交接,导致隐患遗留	主要因素
2	区队对自身隐患认知不及时	因为调度会通报时已经过去将近 1 d 的时间,并且区队人员在调度会时存在对自己责任范围的隐患记录不全的现象	非主要因素
3	调度会通报隐患效果不好	区队人员听到自己责任范围的隐患时,不能及时记录	非主要因素
4	通报过的隐患无人反馈和落实	对于没有听清楚的隐患,区队不到安检科落实自己责任范围的隐患,隐患通报后无人问津	主要因素
5	安检员、瓦检员交接班制度落实不好	安检员、瓦检员现场交接班效果不好,只交接隐患,未交接限改时间	非主要因素

图 2.1　影响隐患整改率的因素

2.2.3　管理流程

隐患闭环式精细化管理是对隐患的检查发现、记录、整改落实、监督、整改效果的验证、销号全过程实现有效的闭合,形成一个"闭合回路"。管理过程如图 2.2 所示。

在这个"闭合回路"中,每日有专业隐患管理员对所查出隐患进行分类整理、下发、整改、反馈、复查统计,对所有隐患进行存档,督促区队进行整改。区队收到隐患整改通知后,对于

```
                          ┌──────────────┐
                          │  现场检查隐患  │
                          └──────────────┘
                                 │
                   ┌─────────────────────────────┐
                   │    区队跟班队长现场签字确认     │
                   └─────────────────────────────┘
        ┌────────────────┬──────────────────────┐
        ▼                ▼                      ▼
┌──────────────┐ ┌──────────────┐      ┌──────────────┐
│ 现场能够处理的隐患│ │ 区队汇报值班室安排 │      │ 现场不能处理的隐患│
└──────────────┘ │ 由值班队长安排处理 │      └──────────────┘
        │        └──────────────┘              │
        ▼                │                      ▼
┌──────────────┐        ▼              ┌──────────────┐
│ 现场安排人员进行处理│ ┌──────────────┐      │ 安检员现场交接班 │
└──────────────┘ │ 区队接到隐患通知 │◄─┐   │    时交接     │
        │        │ 后对隐患进行处理 │  │   └──────────────┘
        ▼        └──────────────┘  │          │
┌──────────────┐        │          │          ▼
│ 处理完毕后安检员现场│     ▼          │   ┌──────────────┐
│ 验收确认处理完毕 │ ┌──────────────┐  │   │    安检员     │
└──────────────┘ │ 隐患处理完毕后将隐患│ │   │ 下班后填入隐患台账│
        │        │ 整改情况反馈至安检科│ │   └──────────────┘
        ▼        └──────────────┘  │          │
┌──────────────┐        │          │          ▼
│ 科室人员将隐患汇总│      │          │   ┌──────────────┐
│   至隐患台账   │       │          │   │ 科室人员将隐患制作│
└──────────────┘        │          │   │ 成日报表在第二日早│
        │               ▼          │   │ 调度会上进行通报 │
        ▼        ┌──────────────┐  │   └──────────────┘
┌──────────────┐ │ 安检科对反馈的隐患进行│ │
│   隐患销号    │◄│ 复查，确认已整改的隐患│◄┘
└──────────────┘ └──────────────┘
```

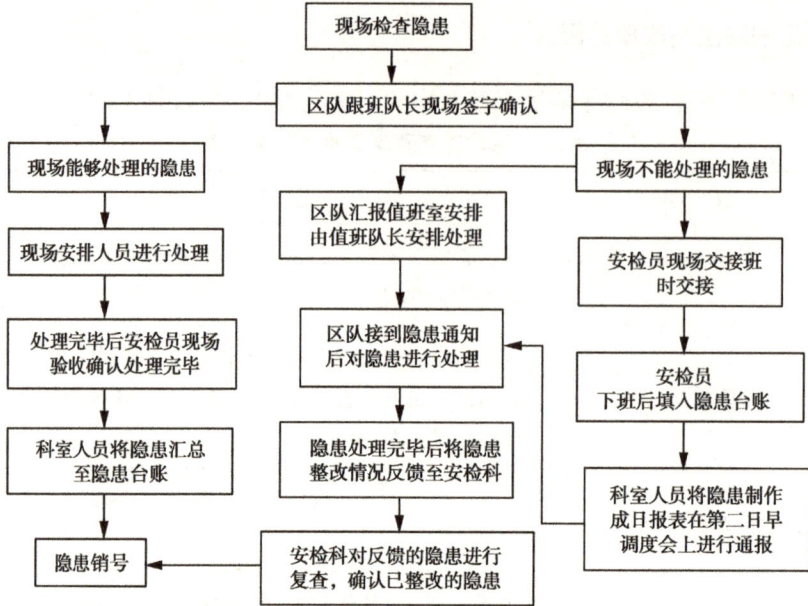

图 2.2　隐患闭环精细化管理流程图

自身的隐患更加清楚,落实起来更加快速,使该措施效果良好。

通过"隐患闭环精细化管理"的实施,强化了对企业隐患治理的监管,使隐患整改率大大提高,员工安全意识增强,"三违"现象下降,企业安全管理水平得到了明显提升。

但在实际安全生产过程中,存在有很多隐患发生了,复查了,实际上却没有得到整改,或者是整改不彻底,最后不了了之的情况。因此,对经复查未整改的隐患,仍按闭环式精细化管理方式处理,如图 2.3 所示。

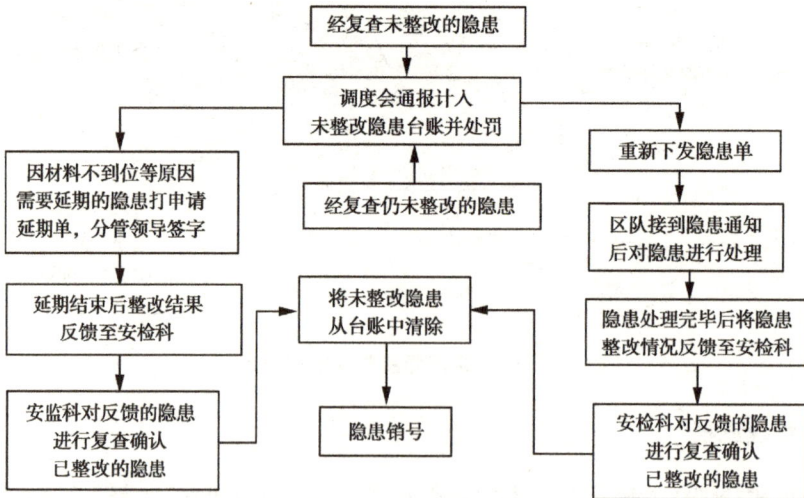

```
                          ┌──────────────┐
                          │ 经复查未整改的隐患│
                          └──────────────┘
                                 │
                   ┌─────────────────────────────┐
                   │     调度会通报计入          │
                   │  未整改隐患台账并处罚        │
                   └─────────────────────────────┘
        ┌────────────────┬──────────────────────┐
        ▼                ▼                      ▼
┌──────────────┐ ┌──────────────┐      ┌──────────────┐
│ 因材料不到位等原因│ │ 经复查仍未整改的隐患│      │  重新下发隐患单 │
│ 需要延期的隐患打申请│ └──────────────┘      └──────────────┘
│ 延期单，分管领导签字│                             │
└──────────────┘                             ▼
        │                            ┌──────────────┐
        ▼                            │ 区队接到隐患通知 │
┌──────────────┐ ┌──────────────┐   │ 后对隐患进行处理 │
│ 延期结束后整改结果│ │ 将未整改隐患   │   └──────────────┘
│ 反馈至安检科   │►│ 从台账中清除   │◄         │
└──────────────┘ └──────────────┘          ▼
        │               │            ┌──────────────┐
        ▼               ▼            │ 隐患处理完毕后将隐患│
┌──────────────┐ ┌──────────────┐   │ 整改情况反馈至安检科│
│ 安监科对反馈的隐患│ │   隐患销号    │   └──────────────┘
│ 进行复查确认   │ └──────────────┘          │
│ 已整改的隐患   │                           ▼
└──────────────┘                    ┌──────────────┐
                                    │ 安检科对反馈的隐患│
                                    │ 进行复查确认   │
                                    │ 已整改的隐患   │
                                    └──────────────┘
```

图 2.3　复查后未整改隐患管理流程图

2.2.4　创新管理方法

关于创新管理方法,主要有以下 6 方面的内容:

(1)"矿帽显身份"

为了实施隐患闭环式精细化管理,体现"干部履职更规范、干群监督更方便、责任落实更容易、沟通更快捷"的管理理念,课题组通过研究提出"矿帽显身份"的想法,要求下井人员佩戴不同颜色的矿帽,不同颜色的矿帽亮出不同身份所承担的安全责任。

红色矿帽——警惕"安全底线"。上级领导、矿领导和安全检查员统一佩戴红色矿帽,矿帽左侧粘贴职务,右侧粘贴姓名。

黄色矿帽——警告"责任在肩"。区队队干、技术员、班组长等区队安全管理人员均要佩戴黄色矿帽,矿帽左侧粘贴职务,右侧粘贴姓名。

蓝色矿帽——警示"安全为天"。科室管理人员统一佩戴蓝色矿帽,矿帽左侧粘贴职务,右侧粘贴姓名。

黑色矿帽——警醒"服务意识"。全体工人统一佩戴黑色矿帽,矿帽左侧粘贴所属单位,右侧粘贴本人姓名。

(2)创新标准化和班前会"可视化"

煤矿企业由安检科组织 1 次/周的安全生产隐患及质量标准化大排查,排查期间对各区队存在的安全隐患及质量标准化建设方面存在的问题进行拍照,制作成视频,在每周五的安全办公会上进行公示,将问题直观、形象地展示出来。

改进区队班前会。传统的班前会为记录本记录,这不仅容易造假,记录内容不详,还需要太多的笔墨纸张,无法实现无纸化办公。通过调研与创新,企业可以将一些现代化办公设备充分利用起来,一是用录音笔代替传统的班前会记录本,二是区队充分利用摄像头、话筒、投影仪等设备,每天将班前会情况录制成音频、视频,建立专门的录音、录像档案。这样省去了纸质记录,有效避免了班前会记录不全及弄虚作假现象,还能更加完整地将班前会流程与内容记录下来,切实做到不浪费。

(3)上岗"66 顺"规则

为加强井下岗位工种的安全管理,确保职工安全上岗,课题组提出了"66 顺"规则。

区队长召开班前会要做到"6 清楚":清楚安全防护用具是否佩戴齐全;清楚工作环境是否具有危险;清楚从事的工作是否具有相应技能;清楚从事的工作是否具有相应的合适工具;清楚从事的工作是否知道危险源;清楚从事的工作是否知道标准和操作规程。

井下职工上岗前必须做到"6 不干":安全防护用具佩戴不齐不干;工作环境有危险不干;不具备从事的工作的相应技能不干;没有带从事的工作要求的合适工具不干;不知道从事的工作的危险源不干;不知道所干工作的标准和操作规程不干。

对"66 顺"规则,要求区队管理人员和职工都知道,矿井各级管理人员下井时随机抽查提问,对不知道的处罚 50 元/次。

（4）建立岗位"对手交接班"与"安全确认"制

每个区队应制订重点岗位对手交接班制度，并分工种制作对手交接班牌。交接班采取"井上领取交接牌→井下交接交接牌→井上上交交接牌"流程化管理。采取这种方式可将上一班存在的问题信息及时交接给接班人员，能有效避免因交接班不严造成人员伤亡、设备损坏等事故的发生。

为确保安全生产，针对各岗位工种存在的危险源分工种制作安全确认记录本，并在重点岗位、地点悬挂。在每班交接班过程中，接班人员根据安全确认记录本内容逐项进行安全确认，发现问题及时处理，确保上岗安全。

（5）成立"督察督办"小组

在日常工作中，深知"布置的工作+不落实＝零"的理念，建议煤矿企业成立督察督办小组。督查督办人员每天参加早、晚调度会，对领导及相关业务科室安排的工作记录在案，限期完成。督察督办小组负责每天落实工作的进展情况，适时对各部门工作起到提醒、催促的作用，对未能按期完成任务的单位、个人进行处罚。

为形成制度化的认定、总结、评定、表彰工作机制，企业可设立"隐患闭环式精细化管理奖"。对取得明显效果的单位和个人给予肯定和表扬，并积极地进行宣传奖励，形成强有力的舆论氛围；对实施不到位的，则必须接受相应的惩罚。

【案例】

××煤矿有限责任公司规定

①一般隐患。不按要求整改落实到位的，给予责任人200元安全考核；督促整改人员不按要求落实督促整改的，给予督促整改人员200元安全考核。

②较大隐患。不按要求整改落实到位的，给予责任人300元安全考核；督促整改人员不按要求落实的，给予督促整改人员300元安全考核。

③重大隐患。不按要求整改落实到位的，给予责任人500元安全考核；督促整改人员不按要求落实的，给予督促整改人员500元安全考核。

④未完成检修任务。在检修期间，科室、班（组）不按规定要求保质完成检修任务，一经查出，责任人给予200元安全考核。

⑤管理人员履职不到位。管理人员（或督促整改人员）营私舞弊或履职不到位的，给予300元安全考核。情节严重者，给予撤职处分或追究相关责任。

（6）规范隐患闭环式精细化管理内容

通过现场调研发现，企业用的隐患管理表格很多，但大多存在内容紊乱不完整等问题，因此我们设计了隐患排查单、跟班队长现场隐患记录簿、周隐患检查整改反馈表、隐患整改复查表供企业使用。具体见表2.3—表2.6。

表 2.3　××煤矿隐患排查单

检查员		班 次		时 间		年 月 日	
交接班	交班人			接班人			
	交接班地点			交接班时间		时　　分	
应注意的事项							
排查出的隐患	共　　条,已处理　　条,未处理　　条					已处理	未处理
	1. 2. 3. …						
其他说明:							
检查区队:				跟班负责人(签字):			

表 2.4　××煤矿区队跟班队长现场隐患记录簿

日　期		年 月 日	班 次		入井时间: 时　分	
					出井时间: 时　分	
检查性质						
检查路线						
隐患内容与整改情况:						
				跟班区队长(签字):		

表 2.5　xx煤矿＿＿＿＿＿周隐患整改反馈表

隐患整改单位

隐患级别	隐患类别	组排部门	排查人	排查时间	存在的问题	整改措施	限改时间	负责人	整改情况	完成时间

分管领导　　　　　单位负责人　　　　　填表人

备注：以上隐患必须在规定时间内整改完成，整改结果以"五定"（定级别、类别、部门、时间、人）表的形式反馈到安检科。"五定"表未反馈的罚单位负责人200元/条，复查时隐患有未整改的罚整改负责人50元，复查时隐患有未反馈的罚单位负责人50元/条

表 2.6　xx煤矿隐患整改复查表

隐患整改单位				隐患下发日期			
隐患级别	隐患类别	组排部门	排查时间	隐患项目 存在的问题	复查时间 年 月 日	复查人	整改情况说明

备注：以上隐患必须在规定时间内整改完成，整改结果以"五定"（定级别、类别、部门、时间、人）表的形式反馈到安检科。"五定"表未反馈的复查时间隐患有未整改的对其按区队进行考核，整改措施和整改情况说明要明确写出，否则按50元/条罚款

2.3　REC 精细化控制管理

REC 是如下英文第一个字母的缩写：R——Refined，即"精细"；E——Everyone，Everything，Everyday，Everywhere，简称"4E"，即"每个人、每件事、每一天、每一处"；C——Control，即"控制、管理"。

REC 管理法是从岗位管理做起，对每个人、每一天、每一处所做的每件事，按照岗位工作标准和要求进行精细控制管理，做到"日事日毕、日清日高"，当天的工作必须当天完成，今天的工作效果应该比昨天有所提高。具体地讲就是企业每天的事都要有人管，人人都要有具体的工作标准，人人都要被考核，人人都要按照工作目标要求完成任务并达到预期的效果。

REC 精细化控制管理（以下简称 REC 管理）是从提升煤矿企业管理水平需要出发，在学习借鉴海尔、阳煤、开滦等单位先进管理经验的基础上，结合现代化矿井管理的实践，总结、提炼、整合出来的一种新的科学管理模式。它是以强化员工"6S"（Safety——安全，Shltsuke——素养，Standardization——标准化，Sharp——准时，Selrl——整理，Sanitarium——清洁）行为规范养成为基准，按照"以人为本"的管理理念，运用数字化、标准化、规范化、精细化、系统化的控制手段，从岗位管理控制做起的，突出对"4E"（每个人、每一天、每件事、每一处）的工作状态和工作绩效实施严格、规范、精确、系统的过程控制管理。

2.3.1　管理流程

REC 精细控制管理是从"4E"（每个人、每件事、每一天、每一处）控制做起，从岗位做起，从管理流程源头做起，从现场做起的管理，是在"日事日毕、日清日高"的基本目标平台之上可延展的管理模式，是一种现代企业管理模式。它以集约严细为基本原则，通过实现管理流程再造，能够不断提升企业的精细化管理水平。这种模式制定了安监员、班（组）长、管理人员 3 个闭合的安全管理流程，各级管理人员必须按照规定的流程来开展自己的现场管理工作，流程突出闭合性、科学性。管理人员的现场安全管理流程图如图 2.4 所示。

本流程图的具体内容如下：

（1）管理人员在井口签到并持卡下井

各级管理人员下井前要在井口信息中心签到，详细写明要检查的地点及内容，并携带本人的《管理人员巡视式精细化管理巡检卡》。

（2）管理人员现场巡查

管理人员进入现场后，要按照各自的专业内容和上级安排开展工作，把对各地点、各岗位的检查情况记录到《管理人员巡视式精细化管理巡检卡》上。管理人员在现场检查的内容有：

①检查沿途施工地点存在的问题或隐患。

②检查各岗位人员的安全生产情况，查处"三违"。

```
┌─────────────────────────────────┐
│      管理人员井口签到并并持卡人井      │
└─────────────────────────────────┘
                 ⇓
┌─────────────────────────────────┐
│        管理人员到现场巡视检查         │
└─────────────────────────────────┘
                 ⇓
┌─────────────────────────────────┐
│   管理人员查出的问题及隐患登记在本      │
│      人巡视式管理记录本上            │
└─────────────────────────────────┘
```

检查沿途存在的问题及隐患	检查各岗位人员的安全生产情况	检查24 h内的隐患查处情况	复查到期隐患整改情况并追责	检查先期到达现场管理人员隐患的查处情况

```
┌─────────────────────────────────┐
│   管理人员填写问题及隐患并确定整改      │
│      责任人与整改时间              │
└─────────────────────────────────┘
                 ⇓
┌─────────────────────────────────┐
│   出井后管理人员将问题及隐患填入追      │
│      究处罚汇总表                │
└─────────────────────────────────┘
```

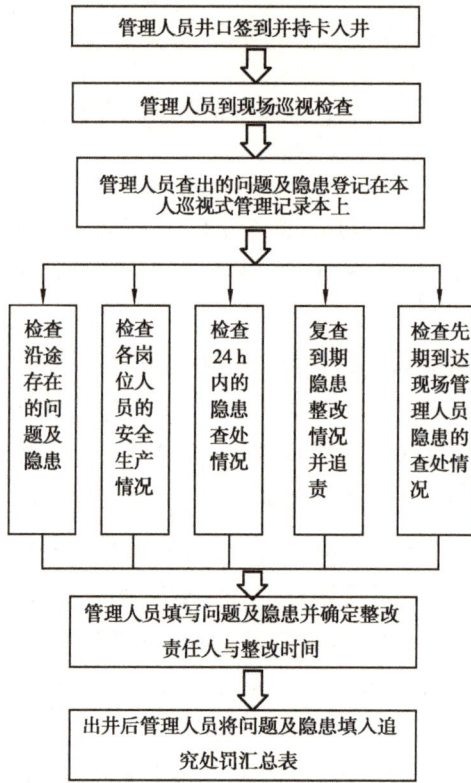

图 2.4　安全管理人员现场管理流程图

③检查现场《管技人员巡视式管理记录本》。从到达施工地点时间开始向前对 24 h 内填写的《管技人员巡视式管理记录本》逐页认真检查,检查内容包括填写时间、班次、签字、责任人、问题或隐患的划分是否正确,如果存在不合格项,要对有关责任人进行责任追究。

④检查安监员及先期到达现场检查的管理人员在《管技人员巡视式管理记录本》上记录的问题或隐患,看有没有漏排的问题或隐患。如果有漏排的问题或隐患,要明确该问题或隐患的性质,如果是静态的问题或隐患,要对安监员、先期到达现场检查的管理人员、责任人进行责任追究。

⑤根据管理人员到达现场的时间,检查《管技人员巡视式管理记录本》所记录的问题或隐患有没有达到整改时间的,如果到期没有整改的,要对责任人、安监员进行责任追究。

⑥管理人员要把所有检查和追究情况记录到本人的《管技人员巡视式管理记录本》上,作为本人现场工作实录。

(3)管理人员填写问题或隐患并确定整改责任人及整改时间

管理人员根据自己对现场检查的情况,与现场《管技人员巡视式管理记录本》上所填写的问题或隐患进行对照,把漏排的问题或隐患、检查不合格的问题或隐患、没有按期完成的问题或隐患按顺序填写在《管技人员巡视式管理记录本》上的"当班存在的问题或隐患"中"各级管理人员查出问题或隐患"一栏内,并逐条落实整改时间、整改人,对整改时间的确定要根据问题或隐患的轻重具体确定。

（4）检查安监员《管技人员巡视式管理记录本》，同时与现场检查存在的问题进行对照

如果管理人员检查的问题与安监员检查的问题相同，则不填写；如果检查出的问题是安监员没有检查出来的问题，则要认真填写，并要落实整改人员和整改时间。整改时间要恰当，禁止出现一般问题超时处理的现象。

（5）管理人员出井后，要填写问题或隐患追究处罚汇总表

管理人员上井后把本人的《管理人员巡视式管理巡检卡》交井口安全信息中心，并要把本班所有的追究处罚情况在"问题或隐患追究处罚汇总表"上如实登记，登记情况必须实事求是，严禁弄虚作假。

2.3.2　目的与内容

REC 精细化控制管理的目的和内容如下：

（1）目的

REC 管理的目的是按照规范化、标准化、制度化、现代化管理的要求，通过对职工工作的过程控制和对结果的考核，达到"日事日毕，日清日高；人人都有事，事事有人管"，不断提高企业的综合管理水平。具体目的及意义在于：

①建立一套"从源头上抓安全、各级管理人员主动管安全、全体职工互保安全与自主保安全"的机制。

②把复杂的、无形的煤矿管理转化为量化的数字，实现从粗放管理模式到精细化管理模式的转变。

③考核全体员工，人人参与考核，全体职工自我约束、自我加压、自主管理。

（2）主要内容

REC 管理的主要内容可以概括用"1135"来说明，即包括 1 个标准体系、1 个奖惩激励机制、3 个运行载体、5 个核心运行要素。

第一个"1"：即 1 个"4E"工作标准体系，主要是指职工岗位标准和管理人员巡视式管理标准。

第二个"1"：即 1 个奖罚激励机制。每月评选优秀、合格、最差职工，对优秀职工进行奖励，对最差职工进行经济处罚，严格兑现奖罚，以激励先进，鞭策后进。将考核结果作为年终评选先进和晋升提拔的主要依据。

"3"：即 3 个运行载体。具体指"三卡"（ABC 卡）"一本""一板"。

"三卡"：A 卡——现场管理职工岗位日卡（A 卡）；B 卡——班组考核日卡（即原始记录单）；C 卡——综合考核汇总卡（即记分台账）。

"一本"：管技人员巡视式管理记录本。

"一板"：区队 REC 考核看板。

"5"：即 5 个核心运行要素，指班前教育、现场巡查、日清日结、班后讲评和考核公开 5 个要素。

（3）管理核心

REC 管理的核心是"3 个主要要件（现场职工岗位排查、安监员实施全过程监控、管理人员全方位责任追究）和 1 个管理流程"。

1）现场职工岗位排查

安全生产管理的源头是岗位，岗位的主体是职工，只有岗位职工自己对自己负责，自己排查自己岗位的问题，安全生产管理的主观能动性、积极性才能充分发挥。因此，岗位排查是安全积分精细化管理的基础。

2）安监员实施全过程监控

安监员对生产现场实施全过程实时监控，能及时、快速、准确地检查、处理动态或静态的问题或隐患，对责任人和单位进行责任追究，保证现场生产时刻处于安全的生产秩序状态。

3）管理人员全方位责任追究

各级管理人员人人参与安全生产管理，人人要对生产现场物的不安全状态和人的不安全行为进行责任追究，人人又都可能因工作不到位被其他管理人员追究责任。因此，要求各级管理人员现场检查必须人尽其责、人尽其职，强化责任意识，不断提高工作质量与管理水平。

4）执行 REC 精细化控制管理流程

通过 REC 精细化控制管理流程，实现各级安全管理人员逐级闭合式安全网络管理，做到及时、准确、全面地发现生产现场存在的各种问题和隐患，对存在的问题或隐患由专人及时安排处理、验收，将生产现场的问题或隐患降低到能够接受的程度之下，为安全生产创造良好的工作环境。

2.3.3　操作程序

实施 REC 管理的操作程序如下：

（1）强化训练，使员工养成遵守"6S"行为规范的习惯

6 项行为规范养成要求训练 3 项目标：

①员工熟知"6S"共 20 项要素的基本要求，如图 2.5 所示。

②将"6S"基本行为规范的看板设置到区队学习室或作业现场，开办"6S"专项讲评台。

③对员工进行分阶段考核，并列入岗位责任制考核序列，实施强制训练直到养成习惯行为。

（2）构建一个推行 REC 管理的基础平台

推行 REC 管理的基础平台即建立全覆盖的"4E"标准体系。各单位要确定各工种即每个人、每件事、每一天、每一处的具体工作内容和标准，把原有定员定额、岗位责任制、经济责任制整合为严密的企业基础管理标准系统，真正做到人人有标准、事事有标准、时时有标准、处处有标准。

（3）要建立推行 REC 管理的 3 个运行载体，即建立 ABC "三卡" "一本" "一板"

建立 A 卡（REC 管理现场考核日卡）的目的是反映对职工当班在现场或某岗位的安全、

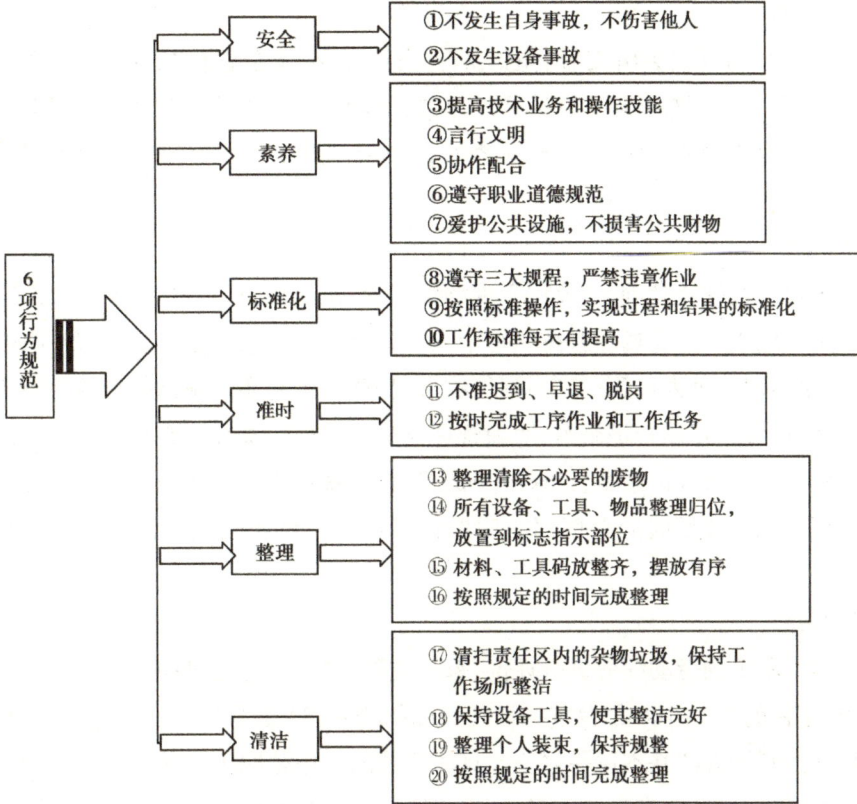

图 2.5　"6S"共 20 项要素

质量、任务、物耗、"6S"的动态检查考核情况,对每个人当班工作任务完成情况及"6S"进行打分,是计算工资收入的原始凭证。

建立 B 卡(REC 管理班组考核日卡)的目的是反映对班组所有职工一班来工作情况的写实考核,并以此作为计算工资的唯一凭证,即原始记录单。

建立 C 卡(REC 管理综合考核汇总卡)的目的是反映对全队所有职工当月工作考核的情况,是评选最优职工、合格职工、最差职工的依据,也是计算职工全月工资的基础台账。

关于建立"一本"(管技人员巡视式管理记录本)的目的主要是对管理人员深入现场的情况进行约束,主要用途有三:一是用于管技人员及时记录在现场检查中发现的问题。二是用于值班人员掌握现场的情况,记录本下井时随身携带,上井后交区队值班人员阅知。三是作为检验管技人员是否去现场的一个回签记录,管技人员每班所到之处必须有现场人员的签字,证明该管技人员到达了现场。

关于建立"一板"(区队 REC 考核看板)的目的主要是用于在看板上公布每班组、区队每月的职工工资考核,增强分配的透明度,防止暗箱操作。

(4)要始终程序化运行 REC 管理的 5 个核心要素

可以说班前教育、现场巡查、日清日结、班后讲评、考核公开这 5 项内容是 REC 管理的 5 个具体的支撑要件。REC 管理是否实施有效,关键看这 5 个要素的运行情况。

1）班前教育

班前安全（政治）学习会由支部书记或队长主持，按矿安全教育"五项制度"关于强化一、三、五安全教育和二、四政治学习的要求，认真组织职工进行学习，要保证学习时间、学习人数、学习内容、学习质量四落实，确保学习教育的效果。要求组织好班前安全宣誓活动，做到安全警钟长鸣。

2）现场巡查

现场巡查也叫巡视式管理，主要用于现场管理者，包括班长、跟班管理干部或有效益工资记分权的各级管理人员。现场巡查按照每个人、每一班、每件事、每一处的标准实施现场管理流程控制，它是实现管理人员管理到岗到位的必要方法，也是实现精细控制管理的有效支撑。其运行方法是，设置巡视巡查记录本，明确管理人员的管理职责和巡查标准，管理人员每次现场巡查必须随身携带核查记录本，记录巡查情况，包括按照考核标准（任务兑现和"6S"管理）对员工的奖惩情况和按照时间跨度巡查问题情况记录。所到巡查部位，必须有被巡查职工回签。

3）日清日结

当班对每个职工的劳动绩效进行评价、每日结算，并进行打分排序。日清日结每天累计，月末总评，排序在前3%～10%的是优秀职工，在后3%～10%的是最差职工，其余为合格职工。它是实现精细控制管理的基本途径之一。日清日结的程序是职工班前签到分配任务，班中巡查，班末验收考核。考评由班组长负责，对当班所有职工按质量、任务、物耗、"6S"等考核内容进行综合评价、打分、排序。考核结果在区队的REC管理考核看板上进行公开。

4）班后讲评

班后讲评是利用班后会，对职工一班来的工作表现和当班的工作完成情况进行总结评价。程序是由值班队长主持召集班后会，首先班长对本班所有人员进行打分，根据分数评出优秀职工和最差职工，并当场公布所有人员的得分情况，然后由优秀职工和最差职工分别在讲评台上汇报自己一班来的工作情况，自述自己被评为优秀职工或最差职工的原因。之后，班长、值班队长分别总结一班来的工作情况，提出下一步抓好工作的要求。

5）考核公开

考核结果与广大职工见面，接受职工的监督。公开的内容包括工资分配政策、方案、考评办法、月度安全、生产、任务等指标完成状况、所有职工的考评结果情况。公开的目的是增强管理工作的透明度，特别是防止考核中的暗箱操作，做到公开、公平、公正。考核公开可在区队的REC考核看板或企业公开栏上公布。

（5）必须建立严肃精细的REC管理考核激励机制

REC管理作为一种新的管理模式，其成败主要取决于公平严格的考核。考核的真实有效，才能最大限度地激发职工的自主潜能，成为促进职工立足岗位、奉献才智的强大驱动力；反之，就会流于形式，缺乏生命力。要保证发挥好考核激励作用：一是要制订周全细致的考核标准；二是班组长要严格进行打分考核；三是考核结果必须与工资挂钩，作为取得收入的依据；四是考核结果要与季度、年度的评先挂钩。

2.3.4　管理特色

REC 精细化控制管理有以下 3 大特色：

(1) 隐患落实零距离

该管理率先提出了"口对口、面对面"原则，倡导的是"手指口述"工作法的具体落实。通过该原则的执行，问题被查出后，检查人员第一时间将问题移交给整改责任人，取消了问题检查人员与问题落实人员之间的中间环节，目的是使各级管理人员现场查出的问题或隐患得到最快捷、及时、准确、全面的处理。

"口对口、面对面"原则要求管理人员所查出的问题要面对面交给整改责任人，整改责任人本人在"整改人"一栏内签字。签字人要签本人的名字，严禁签别人的名字，以体现"谁签字谁负责"的原则。

安监员及管理人员现场查出问题后，要根据问题或隐患的性质、程度来确定整改人员。如果所查出的问题或隐患能够当班解决，则整改人员确定为岗位人员或班长，一般情况下由班长作为整改责任人。如果所查问题或隐患需要跨班处理，则整改责任人确定为跟班队长；如果管理人员查出问题后见不到跟班队长，则要与所查单位的值班队长电话联系，把问题"口对口"向值班队长交代清楚，由值班队长确定好问题或隐患的整改完成时间。管理人员在"整改人"一栏内签上值班队长的名字，在"整改时间"一栏内签上整改完成时间。

安监员或管理人员查出问题或隐患后要及时填写，并要立即确定整改人员及整改时间，以利于问题或隐患的迅速整改。

"口对口、面对面"原则的提出与实践，实现了问题及隐患解决的即时化，达到了问题处理的零时间、零距离，大大缩短了问题及隐患从产生到解决的时间，对现场安全生产起到了本质的促进作用。

(2) 各级管理人员主动发挥职能

在管理中，不存在不被追究的管理人员，改变了个别管理人员工作的随意性和"良心活"观念。只要下井就有压力，只有干好了才能不被追究安全责任。

由于各级管理人员人人参与安全管理，人人需要对现场物、环境的不安全状态和人的不安全行为进行责任追究，人人又都有因工作不到位而被其他管理人员追究责任的可能，从而增强了各级管理人员现场检查的责任心和使命感，提高了安全保障水平。

(3) 实现全员化安全管理

在该体系之下，人人需要查处问题及隐患，人人有责任查处问题及隐患，安全管理的职能以制度的形式固化在每一个管理人员工作内容中。这一做法实现了部分管理人员从纯业务管理向"业务管理+安全管理"的转型，改变了安全管理主要由安全管理专职部门（安监处）管理的局面，具备了全员抓安全管理的雏形。

2.4　奖惩精细化管理

严格奖惩,做到事事有考核。通过考核、奖励、处罚等手段,引导、培育、推进精细化管理。如果只是一味地要求大家管理精细化,但在考核方面、激励方面没有先行一步,与精细化接轨,就必然导致精细化管理落不到实处。在考核过程中,必须本着有利于推进工作,有利于调动积极性的原则,严格加以考核。

2.4.1　考核的要求

奖惩精细化管理考核的要求:一是考核要具有层次性,一级考核一级。二是考核必须具有全面性,从管理者到每一名员工,从经营管理到安全生产,都要进行考核。三是考核要做到严字当头、铁面无私、严格标准、严格要求,领导干部和工作责任人要以身作则,带头执行。四是考核要真实有效,一切从实际出发,查实情、说实话、办实事、求实效,做到数据准确、过程真实、结果可靠,使被考核者信服。五是要根据考核结果,严格奖惩兑现。考核结果是检验工作成效、激励个人进步的有力武器。通过奖励,对于工作优异的给予肯定和表扬,促其继续保持和发扬光大;对于工作消极、成绩较差的给予否定和批评,促其消除过错、整改提高。

2.4.2　考评结合机制

目标考评是目标管理的基本要求,是评价一个单位、一个部门工作目标完成情况的主要方式,但这对全面了解各单位、各部门的工作情况是不够的。在奖惩精细化管理中引入评议机制,实行评价的多元化,建立考核和评议相结合的综合评价机制,有利于克服目标考核的局限性,也有利于在奖惩精细化管理中贯彻群众路线。

实行由公司领导评议各单位、各部门的考评方式,充分发挥了煤炭企业党政在奖惩精细化管理工作中的主体作用。奖惩精细化管理工作的主体是领导层,这一主体作用体现在精细化管理目标的制订、督促考评和奖惩等各个环节。其中,考评环节是最重要的环节之一。实行领导评议,一方面领导可以根据各单位、各部门的职能、基础条件、年度目标完成情况和工作绩效等各方面的情况,"透过现象看本质",在相互比较中对每个单位、每个部门一年来的工作情况进行分类定位;另一方面由于评议采取的是无记名的投票方式,不仅减少了不必要的人为因素影响,而且体现了集体领导、集体评议、集体评价的指导思想,更好地确保了领导参与目标考评的客观、公正和准确性。近几年来,煤矿企业都要组织多次由领导层带队,针对不同的现场督查考评活动,使领导对各单位、各部门工作目标完成情况有一个更加充分的了解。

2.4.3　奖惩与末位淘汰制

根据考评的结果进行激励,是奖惩精细化管理工作的重要内容。虽然以严格奖惩为主要内容的激励是一个精细化管理周期的最后环节,但激励得当,对保持精细化管理的严肃性,对下一轮精细化管理周期的运行,都将起到重要的强化作用;反之,精细化管理意识将逐渐淡化,管理的推动作用将逐渐减弱。企业的奖惩激励机制包括大张旗鼓奖励和严格惩戒、实行末位淘汰制度两个方面。在奖励方面,对考评结果排序靠前、完成目标任务突出的单位、部门予以通报表彰,并给予一定金额的物质奖励;对连续获得先进的单位主要领导授予"优秀领导干部"称号,并根据情况在干部管理中予以提拔或重用;在惩戒方面,坚持批评后进和末位淘汰制度。

实行批评后进和末位淘汰制,有利于调动更大范围干部的工作积极性。据有关机构测算,一般情况下,对工作结果仅进行表彰先进,可以调动 1/3 左右,最多不超过 1/2 人员的争先创优意识;其他 1/3~1/2 人员局限于保持现状、完成任务、不出差错的工作标准,而且其中的一小部分甚至因为各种原因不思进取,表面应付,即使受到上级的善意提醒也是振振有词,归因于客观情况。而实行末位淘汰制,可以对后 2/3 的人员起到推动作用。

因此,虽然实行末位淘汰制有些"残酷",但却有利于调动各级、各部门的工作积极性,有利于企业的快速和谐发展。同时,末位淘汰制并非是"一定终身",而是体现"能上能下,上者能下,下者能上"的制度。

【案例】

××煤矿公司规定

1.奖励方面

凡具备下列条件之一者,由公司给予 2 000 元的表彰、奖励。对带领所在单位、部门不断开拓创新,扎实工作的,可重用调整到新的领导岗位。

①在抢险救灾中临危不惧、挺身而出,避免事故扩大或人员伤亡的。

②在安全生产方面开展技术革新,提出合理化建议,发明创造成效显著的。

③积极消除事故隐患,避免事故发生的。

④举报"三违"或隐瞒事故行为,经查证属实的。

⑤按国家法律、法规和公司其他相关规定应给予奖励的。

2.处罚方面

在生产过程中发生的"三违"或事故责任者,均要视其情节轻重、损失程度给予相应的处罚。处罚分经济处罚和行政处罚。触犯刑律的交由司法机关依法追究刑事责任。

①经济处罚。对个人处罚可给予一次性安全考核 2 000 元;造成直接经济损失的,可并处赔偿直接经济损失的 1%~200%;其剩余金额由发生事故部门负责赔偿(另有文件规定的按文件执行,不重复安全考核)。

②行政处罚。行政处罚分为警告、记过、记大过、降级(职)、撤职、留用察看和开除等。

③凡受到经济处罚或行政处罚的人员,一律取消当月安全奖励,并取消当年的评先资格;受到安全记大过及以上至留用察看以下行政处罚的人员,1 年内不能提职;受到安全留用察看处罚的人员,2 年内不能提职,留用察看期间除取消安全方面的各种奖励外,同时每月扣款 200 元(在确保地区最低保障工资的基础上可在本人工资中逐月扣除)。

④因"三违"或失职、渎职酿成重大责任事故导致人员伤亡或重大经济损失而触犯刑律的,交由司法机关依法追究其刑事责任。

第 3 章
精细化管理平台构建与务实

精细化管理平台的构建与务实包括财务管理平台、生产安全管理平台、人力资源管理平台和"三违"与事故管理平台。

3.1 财务管理平台与务实

在市场经济新常态条件下,企业的生存发展离不开市场。面对复杂多变的外部经营环境,企业经营风险日趋增加。受国际国内大环境的影响,煤炭市场持续低迷,商品煤平均售价大幅下跌,煤矿企业生产经营压力增大。面对严峻的经济形势和生存现实,煤炭企业必须提高自身竞争能力,拓展生存发展空间,建立以财务管理为核心的煤矿精细化管理平台。在生产经营过程中加强财务管理,从规范基础管理入手,严格执行财务制度,以预先经过测算确定的合理目标利润作为企业预期经营目标,不断改善企业的生产经营管理,使其最大限度地服务于企业的生产经营活动,以实现企业效益最大化目标。

3.1.1 以目标利润倒逼生产成本

针对煤矿企业所面临的经营困境和煤炭市场日益增加的不确定因素,通过对收入和成本的科学预测,确定一个客观、合理的利润目标,将利润目标分解到生产经营过程中,通过财务管理的核算和监督职能,扩展财务管理的服务范围,发挥财务管理的潜在职能。具体做法如下:

(1)**收集基础数据**

由不同部门或专业人员分析往年度经营情况和当前生产经营实际,提出分管业务范围的基础数据资料及预算数据。

(2)**确定目标利润**

由预算部门根据所提供的初步预算数据,对全矿经营成果进行科学合理的分析与测算,确定一个切实可行的目标利润。

（3）倒算成本

围绕确定的利润目标的实现，倒算出生产经营过程需要控制的各项要素指标，包括煤炭生产与销售量、掘进进尺、材料费、电费、工资等原煤生产成本要素以及其他生产经营性成本费用支出，倒算出各指标要素成本。

（4）成本控制

制订成本控制的措施与方案，每月对成本进行核算，及时发现和解决成本控制过程中的问题，严格调整与控制好成本。

（5）实现利润目标

倒算的生产成本作为指导生产经营各个流程环节的目标成本，经过生产经营过程的严格控制与调整，同时也成为物资采购、生产计划、工程技术以及销售人员的阶段性分解考核指标，把企业实现目标利润所需要控制的成本压力分解到每一位员工身上，利于提高员工的工作积极性，进而采取措施降低成本，从而推进总体预算目标的实现。

3.1.2　夯实财务精细化核算基础

夯实财务精细化核算基础，必须做到以下3点：

（1）规范会计基础资料

会计核算是加强财务管理的基础，是保证会计资料真实完整，提高会计信息质量的重要环节。在日常会计核算过程中，针对不同岗位特点，结合会计实务管理工作中的薄弱环节，对会计凭证的填制、审核，会计报表的编制等岗位标准要求，从源头上规范会计基础资料。

（2）不断修改完善内部财务控制制度

按"各司其职、各负其责"的原则，建立健全有效的内部控制制度，设定不同岗位会计人员的职责权限、业务流程，并制订符合岗位实际的内部控制流程。

（3）加大会计工作的预警分析和防范

对可能出现的不良资产进行专项管理、重点监控，减少和防范资产减值风险的发生。

3.1.3　突出财务分析

在市场经济条件下，煤炭企业不可避免地受到外部市场环境的影响。近年来，商品煤平均售价一降再降，直接影响煤炭企业的销售收入。外部市场的需求变化我们无法完全掌控，煤炭企业本身又属于高危行业，成本构成复杂且变化大，这些都给煤炭的成本管理造成了一定的难度。但企业可以通过加强内部管理，对成本的构成要素进行科学细致的分析，利用成本资料进行预测和决策。重视和强化对原煤成本精细化管理基础上的综合分析，是降低生产成本、提高市场竞争能力的重要途径之一。它能以最小的成本支出实现最佳的经济效益，是企业的首要经营目标。

（1）财务分析作为财务管理的重要环节，对企业的经营管理发挥着重要作用

财务分析可以结合煤矿企业生产经营实际情况，借助财务软件提供的比较详尽完善的数据资料，加强对报表的分析，及时发现生产经营过程中存在的问题，分析差异产生的影响因素及形成原因，提出改进意见和应对措施，充分发挥财务分析结果对生产经营的指导作用，为领导层进行科学决策提供可靠的财务信息数据依据。

(2)建立财务目标管理的分析机制,确定需要关注的重点指标

通过对重庆小煤矿企业的调研与分析,煤矿企业需要关注的重点指标可分为以下 5 类指标:

①增量降本指标,主要包括矿井月(年)生产产量、掘进进尺。

②节支降耗指标,主要包括矿井月(年)材料费、电费、修理费、非生产性支出。

③固定费用指标,主要包括矿井月(年)设备折旧费、安全费用、维检费等。

④增收创利指标,主要包括矿井月(年)销售价格、销售量、营业收入。

⑤员工利益指标,主要包括矿井月(年)工资、福利、五险一金等。

将这 5 类指标作为预算编制、过程控制和绩效考评的基础依据,并作为生产经营过程管控的重要环节与手段。

3.1.4　成本目标控制

关于成本目标控制,我们用一个"案例"来说明。

【案例】

××煤矿有限公司关于推行成本目标控制工资岗位包干的办法

为了进一步推动企业改革,深挖内部潜力,适应市场经济及和谐社会发展的要求,现将我公司划分为井下 4 个队(采煤队、掘进队、通防瓦斯抽采队、机运队)和地面 3 个部门(矿部、地面部门和车间)共 7 个考核单元。对各考核单元实行成本目标控制管理,使职工工资收入与公司整体效益、部门效益、工作质量及安全等挂钩,并着重体现安全考核,做到干好干坏不一样,以充分调动广大员工的积极性,特制订本办法。

(1)原则

坚持 4 个"有利于"原则,即有利于安全生产与经营管理,有利于调动职工积极性,有利于控制成本,有利于目标控制并侧重安全绩效考核的原则,对 7 个考核单元定指标成本核算。

(2)成本目标控制考核范围

①采煤队、掘进队、通防瓦斯抽采队、机运队。

②矿部、地面部门和车间。

(3)管理方式

管理方式具体有 4 种。

①成本目标分解。地面由矿长牵头、井下由各部门负责人牵头组织对成本目标进行分解,制订控制成本的实施方案,保证不突破控制目标。

②工资计算与考核。井下各队制订班组评比奖惩实施细则,报矿长审批后交劳资科备案。管理人员按安全绩效工资计算办法计算工资(另附件);井下工人按吨煤、瓦斯抽采面积、掘进进尺、勤杂工定额人工单价和安全奖惩计算工资,再加材料成本奖惩和完成生产任务奖惩比例工资之和得总工资;管理人员按安全绩效工资计算办法计算工资。工人按岗位技能工

资、等级奖金分配办法和安全奖金考核办法计发工资奖金。对部分岗位实行定员定额总工资包干、减员增效、总工资额控制的分配管理办法。

③井下材料成本管理。井下材料管理统一将大中型设备材料、管件分离出来,指定专门部门和专人管理,不进入控制指标考核范围。对井下各队只考核包含三大材、火工、风动和设备配件及其他小型材料,并按矿统一下发的消耗定额核算,节约奖励,亏损惩罚。对大型设备材料管件按万吨损耗率进行考核,多耗部分在工资总额中扣除,并追究责任人责任(特殊情况损失需书面申请并经矿长签字后方可报损,详见材料奖惩实施细则)。

④材料分类与管理。对大宗材料设备由矿长或矿长委托人员签字,小型材料和日常零星材料由各分管副矿长签字方能领用,矿部材料为了便于统一登记管理,只能由技术负责人本人签字方能领用。大宗材料设备、通防队、采煤队、掘进队、机运队所用材料范围按使用与管理分类(略)。

(4)管理办法

管理办法包括以下7点:

①生产矿长负责井下全矿年初采掘计划、生产成本控制目标的组织完成,安全控制指标按20××年1号文执行。

②矿长负责全矿生产、物资采购、供应、原煤运输、销售、资金回收、市场开拓、市场价格反馈、生活保障、宏观安全、生产、经营、协调各部门开展工作等,督促检查各部门工作任务完成情况。

③劳资科负责工资与人员调配。劳资科负责统一安排调配人员、下发工种变动单,人员调动影响控制成本时按变动工资划拨。凡6个月以内的伤病假工资由各部门支付,计算在考核成本之内。6个月以上部分不计算在考核成本之内。其他各部门在遵守矿相关规定的前提下,可自行制订对职工的考核办法和分配细则,报劳资科备查。

④供应科负责物资供应、采购与废旧材料设备的处理。采购物品必须按审批计划采购,无计划采购库房不予入库和报账(紧急情况电话请示,随后补上计划,最长不得超1个月)。对采购设备、器材和材料质量数量,库房必须严格验收和核对地磅过磅单,对不合格者严禁入库,并采取退货制度,发生一切费用均由责任人负责。物资采购单价清单必须随入库物品一并报材料库房,并及时完善相关票据。供应科开废旧材料设备的处理申请单及处理单价交矿长审批后方可处理。处理时机电科、供应科分别派人现场监督装车和计量,最后由保卫科监督验收交款条后方可放行。

⑤材料及成本核算管理小组。矿设立材料及成本核算管理小组,办公室设在综合办,具体核算各部门材料及成本。各部门在生产经营过程中,凡责任事故造成的设备、器材损坏,除责任者赔偿以外,剩余部分在部门材料成本中扣除。

⑥考核与调整。各考核单元控制指标由矿每季度小结1次,各队月定额办公费包干2 000元(不计入各部门总控制成本),在施行过程中发现有较大漏洞和特殊情况可进行适当调整。

⑦本实施办法解释权属矿行政,经20××年××月××日矿务会研究决定,从20××年××月××日起执行。

附件:表3.1 ××年度各考核单元成本控制目标表

重庆市××煤矿有限公司
20××年××月××日

表3.1 ××煤矿有限责任公司 20××年度各考核单元成本控制目标表

| 序号 | 部门名称 | 成本控制目标/(元·t⁻¹) | | | | | | 备 注 |
		矿总成本	部门控制总成本	工资成本	材料成本	电力	其他成本	
1	地面	233.77	233.77	22.93	4	2	204.84	地面电力为非生产用电成本
2	车间	6.25	6.25	5.03	1.22			
3	采煤队	28.98	62.82	49.71	13.11			
4	掘进队	33.2	61.63	43.66	17.97			
5	机运队	17.25	17.25	15.26	1.99			
6	通风与防突抽采队	11.75	11.75	10.27	1.48			
7	矿部	60.99	60.99	9.48	30.58	20.93		
	全矿	392.19	454.46	156.34	70.35	22.93	204.84	含增值税,未含所得税和年度安全风险绩效奖

注:1.控制成本目标已含生活费及放假生活费、各种奖金、各种新增津贴费及日常矿安排的临时工作、培训费、工龄工资;未含节假日、年休假和部门间划拨工资。未包含井管人员绩效安全考核增加安全奖和年度安全考核奖。

2.工资和材料成本控制目标参与考核;其他成本与电力成本不参与考核。

3.矿部材料成本为大宗设备、材料和大型工程款项费用。

4.20××年度成本控制采掘计划:①原煤 19.62 万 t;②保护层面积 50 000 m²;③掘进进尺 3 108 m,其中全岩巷1 220 m。

5.通防科、生产技术科、机电科及安全科的工资成本列入矿部,材料列入地面。

6.三大材、火工和锚网支护材料按指定不变价格计算。

3.2　生产安全管理平台与务实

依据国家安全监管总局等 12 部门联合下发的《关于加快落后小煤矿关闭退出工作的通知》(以下简称《通知》)规定,依法关闭、淘汰退出 13 类小煤矿。具体包括:核定生产能力在 3 万 t/年及以下煤矿;核定生产能力在 9 万 t/年及以下煤与瓦斯突出煤矿;超层越界拒不退回的生产或建设煤矿;资源枯竭的煤矿;停而不整或整顿后仍达不到安全生产条件的煤矿;拒不执行停产整顿指令仍然组织生产的煤矿;瓦斯防治能力没有通过评估,且拒不停产整顿的煤矿企业所属的高瓦斯和煤与瓦斯突出煤矿;与大型煤矿井田平面投影重叠的煤矿;经停产整顿,在限定时间内仍未实现正规开采的煤矿;经停产整顿,在限定时间内没有达到安全质量标准化三级标准的煤矿;发生较大及以上责任事故的 9 万 t/年及以下的煤矿;灾害严重,且经县级以上地方人民政府组织专家进行论证,在现有技术条件下难以有效防治的煤矿;县级以上地方人民政府规定应依法予以关闭的煤矿。

在对重庆市小煤矿现有生产技术与装备进行全面梳理、归纳的基础上,明确不同地质条件、生产规模的煤矿采掘系统应当鼓励、推广、限制和淘汰生产技术与装备,用以指导煤矿科学规范生产,推动产业技术发展和产业结构优化升级,保障安全生产,提高劳动生产率,降低劳动强度,促进煤矿的可持续发展。

3.2.1　基本原则

①鼓励和推广先进适用的生产技术与装备的应用,提升生产技术与装备水平。

②提高采掘机械化水平,降低劳动强度。

③从实际出发,考虑不同地质(开采)条件、生产规模的客观差别与特点,实行分类指导。

④节能降耗,提高煤炭资源的采出率。

⑤清洁生产,控制煤炭生产导致的环境污染。

⑥优化劳动组织,减少用工数量,提高劳动生产率。

鉴于生产矿井通过生产能力核定后,出现矿井生产规模与《煤炭工业矿井设计规范》(GB 50215—2005)规定完全不一致的情况,《煤炭生产技术与装备政策导向》规定:井工煤矿生产规模大于等于 1.2 Mt/a 者为大型矿井,生产规模为 0.3~1.2 Mt/a 者为中型矿井,生产规模小于等于 0.3 Mt/a 者为小型矿井。

3.2.2　采掘技术装备

依据煤矿生产技术与相关装备政策导向(2014 版),结合重庆市小煤矿安全生产条件实际,这里研究总结了重庆市煤矿采掘技术装备,并进行推广应用,见表 3.2、表 3.3。

表 3.2　重庆市小煤矿井工开采生产技术与装备表

生产技术				相关装备	
类别	分类名称	适用条件		名称	主要技术特征
		井型	地质开采条件		
一采煤方法	1.缓倾斜、倾斜薄煤层螺旋钻采煤跨落法管理顶板	大、中、小	煤层厚度:≤0.8 m；顶板类别:直接顶为Ⅱ,Ⅲ类；煤层硬度:软；煤层稳定性:不稳定；地质构造:简单；瓦斯等级:低瓦斯矿井	螺旋钻	供电电压:660 V
				刮板输送机	供电电压:660 V
	2.急倾斜薄及中厚煤层走向长壁综采跨落法管理顶板	大、中、小	煤层厚度:≤3.5 m；煤层倾角:≤45°～60°（倾向:≤12°）；顶板类别:直接顶为2,3类,基本顶Ⅰ,Ⅱ类；煤层坚硬度:软、中等、坚硬；煤层稳定性:稳定；地质构造:简单	液压支架	工作阻力:≥4 000 kN；支架中心距:1 500 mm；电液阀整制,具备防倒防滑装置
				端头液压支架	工作阻力:≥4 000 kN
				采煤机或刨运机	四象限交流变频电牵引；供电限电压:1 140/660 V；装机功率:≥500 kW
				刮板输送机	槽宽:≥630 mm；功率:≥320 kW
				液压泵站	压力:31.5 MPa；流量:≥200 L/min
				转载机	槽宽:≥630 mm；功率:≥160 kW
				带式输送机	带宽:≥630 mm；输送长度:≥2 000 m；功率:≥500 kW

方法	规模	条件	设备	技术参数
3.缓倾斜、倾斜中厚煤层走向（倾向）长壁综采跨落法管理顶板	大、中、小	煤层厚度:1.3~3.5 m 煤层倾角:≤45°（倾向:≤12°） 顶板类别:直接顶为1,2,3类,基本顶Ⅰ,Ⅱ,Ⅲ类 煤层坚硬度:软、中等、坚硬 煤层稳定性:稳定 地质构造:简单	液压支架	工作阻力:≥2 000 kN 支架中心距:≥1 500 mm 电牵引
			滚筒式采煤机	供电电压:≥1 140 V 装机功率:≥200 kW
			刨煤机	供电电压:≥1 140 V 功率(单机):≥400 kW 刨速:1.5 m/s
			刮板输送机	槽宽:≥630 mm 功率:≥200 kW
			液压泵站	压力:31.5 MPa 流量:≥200 L/min
			转载机	槽宽:≥730 mm 功率:≥90 kW
			带式输送机	带宽:≥800 mm 输送长度:≥500 m 功率:≥160 kW
4.缓倾斜、倾斜薄煤层走向（倾向）长壁综采跨落法管理顶板	大、中、小	煤层厚度:≤1.3 m 煤层倾角:≤45°（倾向:≤12°） 顶板类别:直接顶为1,2类,基本顶Ⅰ,Ⅱ,Ⅲ类 煤层坚硬度:软、中等、坚硬 煤层稳定性:稳定 地质构造:简单	液压支架	工作阻力:≥1 500 kN 支架中心距:≥1 500 mm 电牵引
			滚筒式采煤机	供电电压:1 140/660 V 装机功率:≥200 kW
			刨煤机	供电电压(单机):≥1 140 V 功率(单机):≥400 kW 刨速:1.5 m/s

续表

类 别	生产技术	适用条件		相关装备	
	分类名称	井型	地质开采条件	名 称	主要技术特征
一、采煤方法	5.缓倾斜薄及中厚煤层走向(倾向)长壁普采高档普采跨落法管理顶板	中、小	煤层厚度:≤2.8 m 煤层倾角:≤30°(倾向:≤12°) 顶板类别:直接顶为2,3类,基本顶Ⅰ,Ⅱ类 煤层坚硬度:软、中等、坚硬 煤层稳定性:稳定,较稳定 地质构造:简单、中等、复杂	刮板输送机	槽宽:≥630 mm 功率:≥100 kW
				液压泵站	压力:31.5 MPa 流量:≥200 L/min
				转载机	槽宽:≥630 mm 功率:≥90 kW
				带式输送机	带宽:≥800 mm 输送长度:≥500 m 功率:≥160 kW
				单体液压支柱和金属铰接顶梁或悬移支架、切顶支柱	单体液压支柱 工作阻力:≥250 kN 高度:1.2~2.8 m 铰接顶梁长度:0.8 m,1.0 m,1.2 m 悬移支架 整体顶梁结构;伸缩性前梁;液压顶梁中控制;支柱直径:>125 mm;工作高度:1.5~3.5 m;工作阻力:≥3 000 kN
				滚筒式采煤机	供电电压:1 140/660 V 装机功率:≥200 kW
				刮板输送机	槽宽:≥630 mm 功率:≥200 kW
				液压泵站	压力:20 MPa 流量:≥200 L/min

方法	规模	适用条件	设备	技术参数
6.急倾斜中厚及厚煤层伪倾斜柔性掩护支架炮破落煤跨落法管理顶板	中、小	煤层厚度：1.5~6 m 煤层倾角：≤55° 顶板类别：直接顶为 2,3 类 底板类别：中等 煤层稳定性：稳定 地质构造：简单	转载机	槽宽：≥630 mm 功率：≥160 kW
			带式输送机	带宽：≥800 mm 输送长度：≥500 m 功率：≥100 kW
			工字钢柔性掩护支架	11 号及以上
			煤电钻	手持式 供电电压：≥380 V 功率：≥1.2 kW
			溜槽	铁板或搪瓷搭接带宽：≤1 m
二、回采巷道布置　无煤柱开采	大、中、小	沿空留巷	巷旁充填带	充填材料压缩率：>10%
	大、中、小	沿空送巷	留设煤柱 3~5 m	与上段采空区隔离
工作面后退式开采	大、中、小	适用于所有煤层的长壁工作面开采		
三、开采程序　下行式开采	大、中、小	适用于煤层群开采		

表 3.3　掘进生产技术与装备表

类　别	生产技术			相关装备	
	分类名称	适用条件		名　称	主要技术特征
		井型条件	掘进条件		
一、掘进方法	1.掘进机掘进、机械连续运输	大、中、小	巷道类别:煤巷、半煤岩巷、岩巷; 道断面:6~28 m²; 煤(岩)单轴抗压强度:≤80 MPa; 巷道倾角:≤16°	掘进机	装机功率:≥95 kW
				转载机	装机功率:≥22 kW
				带式输送机	装机功率:≥40 kW; 带宽:≥600 mm
				连续运输设备	运输能力:≥800 t/h; 装机功率:≥320 kW
				刮板输送机	功率:≥40 kW
				附壁风筒	直径:≥0.4 m; 长度:≥2 m; 缝隙风速:≥20 m/s
				除尘器	湿式或布袋除尘器
	2.掘进机掘进、机械装载矿车运输	大、中、小	巷道类别:煤巷、半煤岩巷、岩巷; 道断面:≥6 m²; 煤(岩)单轴抗压强度:≤80 MPa; 巷道倾角:≤16°	掘进机	掘进断面:6~28 m²; 切割功率:≥95 kW
				转载机	装机功率:≥22 kW
				蓄电池机车	黏重:≥5 t
				矿车	载重:≥1 t
				内齿轮绞车	功率:≥11.4 kW
				附壁风筒	直径:≥0.4 m; 长度:≥2 m; 缝隙风速:≥20 m/s
				除尘器	湿式或布袋除尘器

工艺类别	规模	适用条件	设备	技术参数
3.炮破破岩,机械装运	大、中、小	巷道类别:半煤岩巷、岩巷巷道断面:≥6 m²; 煤(岩)单轴抗压强度:≤60 MPa; 巷道倾角:≤25°; 非高瓦斯区域,非煤与瓦斯突出危险区域的煤巷或半煤岩巷	凿岩机	钻孔直径:32~34 mm; 功率:≥17 kW
			装岩机(侧卸装岩机,耙斗装岩机)	巷道坡度:0°~25°; 装机功率:≥22 kW
			转载机	巷道坡度:0°~25°; 装机功率:≥55 kW
			带式输送机	带宽:≥600 mm; 功率:≥40 kW
			刮板输送机	
			蓄电池机车	牵重:≥5 t
			矿车	载重:≥1 t
			绞车	功率:≥11.4 kW
			高压喷雾泵	压力:≥8 MPa
4.斜巷炮破落煤(岩)、机械装运或自溜运输	大、中、小	巷道类别:煤巷、半煤岩巷、岩巷; 巷道倾角:25°~50°; 非高瓦斯区域,非煤与瓦斯突出危险区域的煤巷或半煤岩巷	耙斗装岩机	功率:≥17 kW
			凿岩机	钻孔直径:32~42 mm; 风压:≥8 MPa
			煤电钻	手持式; 钻孔直径:32~42 mm; 功率:≥1.2 kW
			矿车	载重:≥1 t
			内齿轮绞车	功率:≥11.4 kW

续表

类 别	生产技术			相关装备	
	分类名称	适用条件		名 称	主要技术特征
		井型条件	掘进条件		
	5.钻机钻进,机械装运	大、中、小	巷道类别:斜巷、立巷 巷道倾角:50°~90° 巷道长度:≤500 m 直径:0.75~5.0 m 煤(岩)单轴抗压强度:≥40 MPa 非高瓦斯区域,非煤与瓦斯突出危险区域的煤巷或半煤岩巷	反井钻机	钻孔角度:50°~90° 最大钻孔长度:≤500 m 最大扩孔直径:0.75~5.0 m
				煤层钻孔机	钻孔角度:45°~90° 最大钻孔长度:40~60 m 最大扩孔直径:0.8 m
				耙斗装岩机	功率:≥55 kW
				带式输送机	巷道坡度:0°~25° 装机功率:≥55 kW 带宽:≥600 mm
				装岩机	功率:≥75 kW 铲斗容量:1.7 m³
				刮板输送设机	运输能力:≥150 t/h 装机功率:≥40 kW
				蓄电池机车或绞车	蓄电池机车黏重:≥5 t 功率:≥11.4 kW
				矿车	载重:≥1 t

分类	方法	规模	巷道类别/适用条件	设备	技术参数
	6.钻机打眼爆破破岩,机械装运	大、中、小	巷道类别:半煤岩巷,岩巷非高瓦斯区域,非煤与瓦斯突出危险区域的煤巷或半煤岩巷	液压钻车	断面(高×宽):(2~2.5)m×3.5 m / 爬坡角度:0°~14°
				装岩机(侧卸装岩机、耙斗装岩机)	功率:≥55 kW
				转载机	装机功率:≥22 kW
				带式输送机	装机功率:≥40 kW
二、爆破方法	1.光面爆破 2.中孔深度爆破	大、中、小	巷道类别:煤巷、半煤岩巷、岩巷	凿岩机、电钻	钻孔直径:32~32 mm
	1.锚杆、锚索支护	大、中、小	巷道类别:稳定、较稳定围岩的煤巷、半煤岩巷、岩巷	顶板锚杆钻机	额定转矩:≥85 N·M / 推进力:≥9.5 kN
				帮锚杆钻机	额定转矩:≥35 N·M
				锚索施工钻机	额定转矩:≥100 N·M / 推进力:≥9.8 kN
				锚索张拉机具	额定张拉力:≥180 kN / 张拉行程:≥120 mm
三、巷道支护	2.锚杆、锚索、网、梁组合支护	大、中、小	巷道类别:较稳定、较不稳定围岩的煤巷、半煤岩巷、岩巷 采煤工作面开切眼 大断面交叉点等	同1	同1
	3.锚杆、锚索、网、梁、喷浆联合支护	大、中、小	围岩破碎,煤层不稳定或处于地质变化带的岩巷、半煤岩巷、软岩巷道	除1所需设备外,增加混凝土喷射机	喷射能力:≥5 m³/h / 风压:0.2~0.75 MPa / 水平最大输送距离:≥120 m / 垂直距离:≥40 m
	4.锚杆、锚索、网、梁、喷浆、金属可缩性支架联合支护	大、中、小	围岩破碎,煤层不稳定或受矿压影响的岩巷、煤巷、半煤岩巷、软岩巷道	同3	同3

续表

类别	生产技术 分类名称	适用条件 井型条件	适用条件 掘进条件	相关装备 名称	相关装备 主要技术特征
三、巷道支护	5. 金属可缩性支架支护	大、中、小	矿压较大的巷道	U形钢	29 kg/m,36 kg/m
	6. 型钢棚支护	中、小	围岩较稳定的岩巷、煤巷、半煤岩巷	工字钢等	11号及以上型号
	7. 注浆加固和锚杆、锚索、网、梁、喷浆联合支护	大、中、小	松软、破碎围岩巷道	除同3设备外,增加注浆机	
	8. 注浆锚杆、锚索、网、梁、喷浆联合支护	大、中、小	软岩、松软破碎围岩巷道	同7	同7
	9. 巷邦充填沿空留巷	大、中、小	走向长壁采煤工作面巷道	充填设备 充填材料	混凝土、高水速凝材料、膏体材料、矸石、粉煤灰等
四、空气压缩机	螺杆式空气压缩机	大、中、小		螺杆式空气压缩机	风冷冷却方式: 压力:≥0.8 MPa 风量:≥20 m³/min

3.2.3　采掘设备管理

采掘设备的管理应做到以下 4 个方面：

(1) 落实责任制

将采掘设备管理的职责落实到相关人员上。如成立设备管理综合领导小组，将矿长、机电矿长等煤矿的管理人员列为主要负责人，提高他们的设备管理意识，进行自上而下的管理。每个工作组配备专业的设备维修管理人员，定期组织设备管理员进行学习，定期维修保障设备，使设备完好为 100%，使设备的管理形成"下管成网、上管成线"的管理模式。

尤其要重视高层管理者在设备管理中的作用。一是高层管理者是企业的灵魂，他们参与到设备管理中来，能够大大增加企业员工对设备管理的重视程度，从而激发员工的潜能；二是高层人员在设备管理过程中，能够明确各项资源配置，从而完善激励机制，对于普通人员对设备的管理起到正向的鼓励作用；三是高层人员能给予中层管理者必要的授权，既能减轻高层管理者的繁杂事务，又有利于高层投入到企业的发展战略的工作中，还能更好地激励中层管理人员的工作积极性。

(2) 完善设备的管理制度

首先是设备的采购制度。仍然由矿长和设备科长进行组织，组织专业人员对经营情况、财务状况、供应情况和技术情况进行方案的审核。审核通过后，再进行公开招投标，选择最优的商家进行设备的供应。设备的选择上应该注意科学化、实用性、标准化、通用化。当设备购买回来之后，由机电、技术部的专业技术人员进行检测和验收，检测设备的型号、专用工具、配套资料是否齐全。验收合格后，由验收人员签字确认后再入库，若验收不合格，则应该向供应商提出意见。

然后是设备的安装管理制度。在设备安装时，要由设备科、安装单位和使用部门共同验收，以确保设备的安装没有任何问题。设备的安装应该保证设备的各项标志都完好无损。设备安装完成后，要进行空载试用，其中移动设备的运行时间不少于 1 h，而固定设备的运行时间不少于 4 h。在恶劣环境下的安装，比如粉尘、喷浆时安装，应该对设备采取可靠的防护措施，避免粉尘进入设备损坏电机，从而影响设备的使用。

最后是设备的维修管理制度。设备的维修必须按照国家制定的煤矿设备质量标准的要求进行。首先要经过使用部门的鉴定，确实需要维修再由各个相关部门的领导审批后，准备齐全相关的资料才能进行维修。维修时应该遵循"节约资金，先内后外"以及"谁使用、谁修理"的原则，对设备进行维修。当维修的物品需要从矿井下升井时，必须由设备科、使用部门和维修部门共同鉴定。每个月定期对设备进行验收，验收后，由修理单位提交报表交由设备科备案。最后，设备的折旧和报废也应该按照层级向相关部门报批，申请批准后，才能报废。

(3) 提高采掘设备管理的信息化水平

为提高煤矿采掘设备的管理水平，煤矿企业应该引入相关的设备管理系统，用于更加科学的管理。煤矿设备管理信息系统能够为设备的采购、运行、维修、报废等各个环节进行有效实时的监控，为煤矿的领导层和各个部门的管理层以及设备管理部门提供方便、及时的信息，实现设备管理的规范化，从而解决设备管理信息滞后、资源不能共享以及管理效率低下等问题。设备管理信息系统能够满足决策层和技术部门的信息共享和决策咨询,并能够做好节能降耗、设备周转、维修报废等环节的管理工作,能够及时上报月度、季度的设备验收报告、检修报告和采购计划等工作,从而提高设备的利用率,使它们更好地为煤矿的安全生产服务。

(4)严格执行采掘设备的经济管理

随着煤矿采掘设备的大型化、自动化的提高,设备的投资费用也越来越大,设备的维修费用也越来越高。所以,制订科学的经济管理计划有利于对设备进行管理。也可以采取租赁的方式,面向社会进行采掘设备的租赁,以提高设备的利用率和节约相关的采购费用;在招投标过程中,要先进行经济方案的可行性分析,优先考虑投资回收期短的项目;企业要注重对流动资金的管控,严格审核设备的采购计划,同时在维修时,首先开展自检工作,以此降低成本、节约费用。

采掘设备管理的好坏,直接关系到煤矿的安全生产和经济效益。因此,对设备实行科学的管理是煤矿企业实行可持续发展的重要条件。

3.2.4 生产管理

近年来,我国煤炭行业中的一些优强企业能够结合我国国情、煤炭行业发展以及企业自身的实际情况,锐意改革、大胆尝试、勇于实践,针对精细化管理理念实施中的一些现实问题,创造性地提出解决的策略和办法,为我国煤炭行业的整体发展提供了有益的借鉴。

(1)加强企业文化建设

企业文化是企业在自身发展进程中,不断继承和发扬的优秀传统文化,借鉴和吸收其他行业或组织的文化精髓而逐渐形成的、具有自身特色的价值理念、行为方式和规范的总和。加强煤矿企业文化建设,用优秀的企业文化引导、凝聚和激励广大职工,树立共同的理想,形成积极向上的价值观,转变"效益靠条件""安全靠运气""质量靠资源"的消极观念,有利于煤矿企业的进一步发展。从本质上来看,精细化管理理念同样是一种企业文化。塑造崇尚精细化管理的企业文化,能提升煤矿企业的凝聚力、感召力和创造力,将精细化管理的企业价值观贯彻落实到具体的企业管理制度和措施之中,充分体现在企业的社会形象和员工的行为规范之中,使之成为深入经营管理者和广大职工内心的思想理念,更有利于精细化管理的实施。

(2)利用信息化手段

现代信息技术引起了包括煤炭行业在内的社会方方面面的巨大变革。尤其是精细化管理涵盖企业生产经营的方方面面,十分琐碎和繁杂。为了提高企业管理的效度,必须强化企业信息化平台建设力度,借助现代化信息手段实现企业经营管理信息的采集、加工、传递、利用的综合化运行,使整个精细化管理实现全面化、系统化、协调化,确保企业精细化管理的高效实施。

(3)引入市场机制

煤矿企业要实施精细化管理,首先要在企业内部引入市场机制,通过定额分解、价值量化等公平透明且操作简便的手段,实现企业内部运营和员工行为的市场化,严格控制生产资料的消耗,杜绝任何浪费现象。例如,在实施精细化管理模式的过程中,可以对煤矿企业的各项费用指标进行精细预算和核算,从部门领导至基层进行层层分解,由主要责任人实行费用定额、全额承包。从目前来看,企业内部市场化管理手段已经相对成熟,这对于精细化管理的贯彻实施也有积极的促进作用。

(4)提高企业职工素质

企业职工是企业管理理念和管理办法的具体操作者和执行者。煤矿企业属于传统能源企业,管理模式和方法相对薄弱,企业员工的素质也相对较差,这些都严重影响了煤矿企业的生存和发展,也成为妨碍精细化管理理念贯彻实施的一大难题。因此,我们首先要转变企业职工的思想观念,使之充分理解精细化管理的内涵、价值、作用,将自身的利益与企业的发展紧紧联系在一起,更乐于在日常工作中贯彻实施精细化管理理念。其次,要为职工创造参与培训和学习的机会,切实提高职工的知识文化素养,尤其是对现代信息技术的掌握,以适应当前煤矿企业信息化管理的要求。最后,要建立公正客观的考评和激励机制,对于在日常工作中有创新、有贡献的职工给予一定的精神奖励和物质奖励。

当前,我国正处在工业化高速发展的关键时期,对包括煤炭资源在内的能源需求量大。与其他行业相比,煤矿企业属于劳动密集型行业,在经营管理中也偏重于粗放型管理,这在一定程度上制约了煤矿企业的发展。精细化管理作为一种较为先进的管理理念,有利于提高煤矿企业的生产效能、减少生产消耗,对于煤矿企业的发展有着重大意义。近几年,我国许多优强煤矿企业立足于现实,在实践中贯彻实施精细化管理模式,使企业的管理水平、经济效益和发展速度有了明显提高,推动了我国煤炭行业的进一步发展。

3.2.5　安全管理

(1)小煤矿安全管理的问题

在一些小煤矿企业中,存在很多安全问题。所以要推行安全精细化管理,恪守原则,落到实处。小煤矿的安全管理多数存在 4 个方面的问题。

1)安全管理制度不健全、执行不彻底

许多安全管理者在制订安全管理制度时,没有根据基层发现的问题来制订,盲目参考其他企业的安全管理制度。对这样“不接地气”的制度,无论是安全管理者还是一线工人,执行起来都比较困难,久而久之,安全管理制度就形同虚设了。

2)安全教育不到位,员工安全意识淡薄

对于一线工人的安全教育,是煤矿企业安全管理的重要工作。但是由于煤矿用工制度多样化,短期工和合同工所占比例较大,这些工人文化水平较低,在现有的安全教育培训中很难适应和学习,导致工人安全意识淡薄,违章作业、盲目蛮干现象时有发生。

3)安全监督不全面,执法力度不够

一些小煤矿企业仍在采用传统的管理模式。他们的安全监督队伍臃肿,机构设置不科学,从业人员安全素质不一,且平均水平不高,煤矿的 6 大系统(采、掘、机、通、运、排水)危险点分析不全面。这就导致煤矿企业安全监督检查不全面,疏于管理,有制度不执行,视安全制度为儿戏,为事故的发生埋下了隐患。

4)安全管理目标模糊,安全责任较为混乱

由于部分煤矿企业对于煤炭生产过程中的危险点分析不全面不彻底,安全管理人员岗位职责没有尽到,使得煤矿企业各个系统的安全管理目标模糊甚至比较单一(如把"安全第一"的目标当口号)。安全监督不全面,执法力度不强,必然导致安全责任较为混乱,使得管理者和工人对安全管理制度没有敬畏心。

(2)安全精细化管理应用原则

安全精细化管理有 3 个应用原则。

1)数据化原则

数据对于精细化管理很重要,用数据说话是精细化管理的首要原则。在作业流程上强调用数据作为分析的基础,用结果的数据检验作业成绩,用数据指标严格要求安全生产。追求的安全目标和生产目标都用数字来标注,生产的各个阶段包括计划规划、资源分配、过程控制等都用数据进行管理。

2)底线原则

精细化管理的精细并不是没有限度的,精细到什么程度必须有一定的底线。底线就是用来规定可不可以再细分的标准。比如制度扣除工资金额的上限,某个工作面、某个时间谁负责(不再细分到某个作业操作谁负责)等。在底线范围内实施精细化管理,避免了过于精细而使企业显得臃肿。

3)可操作性原则

可操作性对于精细化管理的实施也是非常重要的。必须用明确的实施细则和精细化执行性高的管理,代替"走过场""华而不实"的工作方式方法。一定要保证精细化管理符合生产安全管理的目标,需要怎么做就去怎么管理规划,做到切实可行,可操作性强。

(3)精细化管理在煤矿安全管理中的应用

精细化管理在煤矿安全管理中的应用如下:

1)安全管理理念的精细化

煤矿企业全员都要重视细节,细节决定成败,这个理念应该首先被确立。促进煤矿生产各个单位的理念创新,普遍树立起检查监督精益求精、生产操作零失误、上岗 1 min 安全 60 s、重视细小现象等理念。鼓励煤矿企业全员参与安全管理理念的精细化,树立符合本部门或工作面实际情况的安全管理理念,力求通俗易懂,言简意赅。安全管理理念的精细化可以帮助企业员工树立目标意识和安全意识,使煤矿企业安全目标通俗易懂,更加生动形象化。

2)管理安全责任的精细化

管理安全责任的精细化,要全面没有遗漏、合理分层级地细化量化每一个工作面、每一个工作岗位的责任,责任具体到人,量化到具体的数字。管理安全责任要通过精细化延伸到煤矿企业所有的角落,按照管理无处不在、无所不至的原则杜绝责任盲点,要实现时时刻刻有人管事、事事处处有人负责。管理安全责任的有关制度对于煤矿安全管理有很大作用,而管理责任的精细化可以使这些制度更科学、更彻底地实施。

3)管理作业流程的精细化

以精细化管理的思路为指导,先由安全管理人员、专家、一线工人组成工作组对煤矿的各大系统进行分析,找出所有的操作作业点,然后对煤矿的各大系统作业流程进行精细科学的规划,使生产、经营等各方面的作业流程更加顺畅。精细化对待每一项管理业务,精细化控制作业流程,减少安全事故发生,力求生产过程无隐患、高质量、高效率。

4)安全管理目标和标准的精细化

构建安全目标的指标体系,使安全管理标准循序渐进,由粗到细,不断细化、量化、规范化,持续改进,实现整体安全管理的提升,直至杜绝所有安全管理漏洞。安全目标和指标体系的构建一定要具有科学性,可以参考国内外这方面先进的精细化管理经验,但是也不要忘记结合本单位的实际情况,构建符合本单位的具有科学性、创新性的指标体系。对于安全管理目标和标准的精细化可以使得安监员和一线煤矿工人更高效地生产与工作,减少安全生产事故的发生。

5)安全管理考核奖惩的精细化

煤矿企业应该遵循"以人为本"的原则,从基层员工中来,到基层员工中去,依靠员工、服务员工,以员工个人为考核对象,建立精细化公平公正的考核评价体系和科学合理的奖惩制度。在此基础上,根据精细化标准严格审核,严格实施,确保奖惩制度公平公正,发挥它巨大的作用,调动煤矿企业全员安全监督、安全检查、安全管理,提高员工工作积极性和安全意识。

安全管理是煤矿企业的首要任务。通过推行安全精细化管理,可以逐步消除安全管理中的问题。同时,建设强大的企业安全文化,以文化力调动生产力,以精细化管理保证以人为本、可持续发展战略在煤矿企业中实施,使煤矿企业管理水平达到新境界,效益迈上新台阶。

3.2.6　经营管理

全球经济一体化给中国矿业带来了机遇和挑战。煤矿企业必须考虑如何应对错综复杂的竞争局面,完善经营决策思路及手段,建立经济管理战略体系,以适应新形势下的市场要求。精细化管理正是对传统粗放式经营模式的颠覆和改进,要从理念、标准、模块、考核上针对经营模式制订有序、有效的过程控制,最大限度地发挥精细化管理功效,同时基于现实灵活运用。

(1)领会精细化管理内涵,转变传统理念

精细化管理从经营管理角度可理解为"五精"和"六细"。"五精"指技术技能水平之"精湛",流程环节之"精通",文化意识之"精华",效率效果之"精益"以及成果质量之"精品"。"六细"指管理目标之"细分",管理对象之"细化",管理职能之"细分",管理岗位之"细化",每项具体工作之"细算",每个管理环节之"细做"。精细化管理是现代企业经营管理的总纲性概括,吸取了传统经验管理的先进思路,将其融入现代宏观管理的大局之中,落实到微观层面的细微之下。它从管理的各个层面实现细节把握,精准控制,对生产、成本、安全、信息等方面各个击破,以点带面,逐步转变旧有的粗放型管理模式思想,使管理者深刻理解精细化的内涵,并衍生到管理企业的行动外延之中。

(2)建立全覆盖标准体系,突出目标责任

要推进精细化管理,就要建立与各个岗位、各个专业、各个部门实际相符合的标准体系,确定每个员工、每项业务具体工作的内容和标准,确保工作质量过关,数量符合,设备正常,安全到位。在全局细化的基础上,要逐步实现高点定位,突出高标准、精细化、深入化、严要求的目标机制,促使真抓实干,确保管理有据可依,将行为标准导入岗位目标职责之中,要求各岗位、各部门依据自身情况,进一步细化量化,落实到人,加强可操作性,引导员工领悟标准,形成行为规范,促进推行精细化管理。

(3)完善管理模块

完善管理模块应做到以下4点:

1)生产管理精细化

与其他生产企业不同,煤矿企业生产环境、工作性质、劳动方式、人员结构等都有其特殊的一面,其精细化管理流程的制订要结合煤矿实际,在生产任务分配、劳动安全保护、现场管理控制、劳动资源调配、工期工时编排、设备管理维护等方面,各自修订细化管理目标,促进生产方式的进步和生产效率持续提高。

2)成本管理精细化

成本精细化管理要逐步推行全面预算的现代管理方式,这符合市场经济需求的计划管理手段,通过量化目标,确定经营计划实现步骤,强调企业将预算、控制、组织和协调一体化,站在全局战略高度整合经济资源,实现成本全面控制。它的"全面"包括全员参与、全额掌握、全程跟踪的特点,易于操作,流程完善。同时要建立预算执行与监控体系,配合考核评价,加强节支理耗,鼓励回收复用,并对其分析调整时出现的问题加以解决,确保成本控制按计划进行,保证矿井低成本运营。

3)安全管理精细化

煤矿安全精细化管理重点突出3项基本要求:

①细分安全管理单元。把安全管理对象尽可能细化到最小的工作单元,安全责任具体化,落实到位,使细化管理的过程成为不断深化、不断完善安全管理工作的过程。

②量化安全考核指标。在不同的安全管理过程和安全管理单元中,都制订明确的、量化的、科学的、且经过努力能实现的安全考核指标,把安全管理的具体工作目标分解、落实到每一个岗位、每一个员工,做到横向到边、纵向到底,不留死角。三是实现煤矿企业安全管理目标与单位目标、个人目标的有机统一,实现煤矿企业生产全过程的安全监控,实现本质安全型矿井。

4)配套考核机制,建立奖惩激励制度

现代煤矿管理要突出"以人为本"的管理理念,实施人性化管理策略,在考核机制上全面考虑员工主体的切身利益,融合精细化管理的评价体系,制订奖惩激励措施。实现精细化管理主体的责、权、利统一,要建立起与管理主体劳动业绩挂钩的分配机制,使每名员工都能根据其对精细化管理的工作责任、贡献大小取得相应的劳动报酬或付出相应的代价。

①要确保全局性,从顶层管理人员到基层一线员工,都要列入合理的考核标准中,实行全方位监控。

②具备层次性划分,实行逐级责任分配,分级建立奖惩手段。

③要做到公正严明,严格标准严格执行,领导以身作则,员工实事求是,确保考核数据的准确可信,明细合理,使人信服,在这样的制度兑现下,才能激发职工的主动性、积极性和创造性,推进精细化管理与企业经营运行目标的有机结合。

煤矿企业推进精细化管理不是一蹴而就的事情,而是针对当前落后局面进行的持久性改革事业。在正确的管理理念指导下,建立全局性的管理标准体系,逐步落实各方面的模块组织,并配合以严格正规的考核制度,是精细化管理全面实施的标准步骤。它需要全体员工切实行动,实现精细化管理在煤矿企业中运用实践的强大效能。

煤炭企业安全事故多发,一直是我国煤炭生产管理的一个重大难题,这固然与煤炭行业整体发展水平、安全装备现状及煤矿生产环境的特殊性有关,但是,管理因素也不容忽视。因此,正确地分析煤矿安全事故发生的原因,以指导煤矿生产安全管理工作,改善煤矿安全生产状况,对保障广大煤矿职工的人身安全,构建和谐社会具有重要意义。

3.3　人力资源管理平台与务实

在精细化管理平台的构建中,人力资源管理平台非常重要。

3.3.1　树立"以人为本"的理念

科学发展观第一要义是发展,核心是"以人为本"。在煤矿安全生产管理过程中,"以人为本"首先要以人的生命为本,它包括两个方面的内容。其一是一切工作是为了人的根本利益,当人身安全与经济利益或其他的安全发展发生冲突时,要无条件地服从人的生命;其二是一切工作都需要人去完成,要充分调动员工的积极性、主动性。"以人为本"既是一个全员、全方位的管理过程,又是贯彻党的"安全第一,预防为主,综合治理"生产方针的具体体现。

(1)树立"安全第一"的思想

人既是安全工作的受益者,又是事故发生的受害者,搞好煤矿安全生产工作必须坚持"以人为本"。做好煤矿安全生产管理工作的第一步,就是要解决对安全工作的认识问题,也就是能否从思想上真正地把安全生产管理工作放在其他一切工作的首位的问题。事实上,每个人都认识到安全是最重要的,就是思想不牢固。在实际生产过程中,往往因为"见利忘命",或者是为了"省时省力"等原因,不顾客观条件、法律、法规及制度的约束,忘记了"安全"的重要性,冒险蛮干,结果酿成事故,造成终身遗憾。

怎样才算真正地树立起"安全第一"的思想呢? 就是在实践过程中,当安全与生产、安全与效益、安全与发展发生矛盾的时候,必须首先想到安全。在确保安全的前提下组织生产,就是要认真贯彻落实党和国家"安全第一、预防为主、综合治理"的方针,就是要服从"安全第一"的原则。企业要使每一位员工树立起安全意识,巩固"安全第一"的思想,实现"要我安全"到"我要安全"的根本性转变。坚持以人为本的安全管理理念,营造"人人关注安全"的良好氛围,拓宽宣传教育形式,建立起整体性的、全方位的、全过程的、全员的安全环境。

(2)强化技能培训,提高员工素质

现阶段,重庆市小煤矿属劳动密集型企业。工人素质低,井下作业人员中有相当一部分人不具备必备的文化程度、安全知识和技术素质,这既拖了煤矿发展的后腿,也给煤矿安全生产管理增加了难度。乡镇和个体煤矿的作业工人流动性大,人员成分复杂。因此,该部分作业工人必须经过政府有关部门授权的安全培训中心进行不少于 1 个月的安全培训,并取得合格证,否则不许上岗作业。政府煤矿安全监督部门对此要从严管理,发现未经培训或不符合培训规定的工人上岗作业,要对煤矿经营者或个体矿主从严处罚。在抓煤矿安全思想教育的基础上,要进一步强化对职工的安全知识和业务技能培训,以提高员工的安全技术素质和操作水平。如果只抓前者而不抓后者,即使有了很高的安全意识,在实践过程中却表现出不能、不会,必然是凭经验去做,违章冒险蛮干,其结果不出事是侥幸,出事是必然,这只是一个时间长短问题。在实践过程中,没有保证安全,那么安全思想教育的目的就难以实现,"安全第一"的思想就等于空谈,更不能体现"安全第一"思想的真正内涵。

(3)全面落实安全生产责任制

要认真贯彻"安全第一、预防为主、综合治理"的方针,牢固树立安全才能发展、发展必须安全的思想,落实企业法定代表人和政府行政首长两个负责制,落实企业的安全生产及政府的安全监管两个主体责任,真正把安全生产工作摆在第一的位置,由"第一把手"负总责,用第一的决心、第一的力度、第一的措施,一心一意、一如既往、一以贯之地抓精、抓细、抓实、抓好。

安全工作人命关天,责任重于泰山。煤矿工作条件差,实现安全生产的难度大,这是一个公认的问题,但为什么在同等条件下,有的煤矿能够实现安全生产,而有的煤矿却事故频发?在同一个矿井中,为什么有的区队能实现安全生产,而有的区队却屡次发生安全事故?同样是矿工,为什么有的人下了一辈子井都平平安安,而有的人却经常出问题?关键的一点就是思想认识高低和工作责任是否落实、工作是否到位的问题。只要思想认识到位,工作到位,责任落实到位,实现安全生产是完全可以做到的。工人没有安全意识,施工没有相关措施,也没有正确到位的安全监督,整天靠自以为是、靠运气、靠侥幸干工作,早晚都要出问题、出事故。安全工作不是老大难,和生产一样,安全仅仅是煤矿企业的一项本职工作而已,不具备多大的特殊性,只要肯抓,就能管好。抓与不抓是关系到人民群众生命安全的重大问题,绝不能有丝毫马虎。

国务院《转发劳动部关于认真落实安全生产责任制意见的通知》(国办发〔1997〕36号)规定,要按照"企业负责、行业管理、国家监察、群众监督和劳动者遵章守纪"的总要求,以及管生产必须管安全、谁主管谁负责的原则,建立健全安全生产领导责任制并实行严格的目标管理。"谁主管谁负责"必须要作为落实安全生产责任制的基本原则。企业每位员工都有自己的工作岗位,谁负责什么工作,就要对其所负责的工作内容,所涉及的人员、机械、材料、操作方法、作业环境、监测监督、操作过程等所有方面负全面安全生产责任,落实各方面的安全责任和保障安全的措施。

全面落实好各级安全生产责任制是搞好安全生产的重要保证。通过责任制的落实,可以增强各级管理人员的责任感、使命感。尤其是各级领导干部必须要做到为官一任,既要发展一方经济,更要保一方平安;不能以发展经济为由,不顾安全生产或放松安全生产管理。否则,一旦发生事故,必须严格按照《国务院关于特大安全事故行政责任追究的规定》,坚持"谁办矿、谁负责,谁受益、谁负责"和"谁审批、谁发证,谁负责安全"的原则,落实企业和行政部门的安全责任,进行严肃处理。

(4)管理创新与技术创新并举

要努力改善职工的劳动和文化生活条件,大力提倡文明生产,营造煤矿安全生产文化氛围。要全面落实"十三五"安全生产科技规划,加强安全生产领域的科技创新与进步工作。搞好产、学、研结合,围绕安全生产技术与装备水平的提升,大力推进原始创新、消化创新,力求多出成果、快出成果、出好成果,并搞好科研成果的转化。着重狠抓科学技术在煤矿安全生产工作中的应用,努力提高煤矿安全生产管理水平和抵御风险的能力。采用高新技术和先进适用技术,加快现有煤矿的技术改造,推行一个矿井一个工作面的新井建设,提高煤矿装备现代化、系统自动化、管理信息化水平,加快安全高效矿井建设。发展适合中小型煤矿的机械化装备,加快培育和发展面向小型煤矿的综合服务体系。新建中小型煤矿必须采用机械化开采,现有煤矿限期进行技术改造,尽快提升中小型煤矿技术装备水平。完善煤矿"一通三防"、防治水等防灾系统。建立矿井安全监测监控系统,重点煤矿实现企业内部监测监控联网,其他煤矿实现县(区)范围内联网。加强劳动用工管理,严禁超能力、超强度、超定员生产,建设安全质量标准化和本质安全型矿井。严格执行安全生产费用提取及使用、风险抵押金、企业负责人和经营管理人员下井带班等制度。

(5)搞好质量标准化工作

质量标准化工作实质上就是作业现场精细化管理问题,是工程质量、工作质量、规范操作及文明生产的体现。它要求大家统一思想,提高认识,认真总结多年来的事故教训,并将每次事故发生时的工程质量、工作质量以及操作行为进行对照,使大家清醒地认识到,煤矿的事故几乎都与之有关。如果大家都上标准岗、干标准活,事故就会杜绝或大量减少。从而明白一个道理:工作质量、工程质量搞不好;安全就搞不好,生产也就搞不好;生产无法保证,效益也好不了。

要抓质量标准化,确保安全生产,首先要破除 3 种错误思想:

①破除矿井基础差,标准化工作搞不好的认识。正因为底子薄,基础差,才需要从抓基础建设开始。质量标准化是煤矿安全工作的基础,抓住了标准化就抓住了根本,才能从根本上扭转安全被动的局面。

②破除财力紧张搞不好标准化的思想。通过算事故损失账就可以认识到,把钱用在标准化建设上是企业持续健康发展的需要,煤矿因事故提前破产或关闭就能说明安全的负效应。

③破除因循守旧、墨守成规的思想。有的人认为用以往几十年总结的老经验、旧套路办事省力并且能多出煤,没必要按照标准要求束手束脚地去做。

其实,不出事则已,事故一出就懂得了仅靠经验型管理难以适应煤矿发展的需要,必须与实践紧密地结合起来。要在实践上寻找管理的捷径,那就是"搞质量标准化建设"。搞质量标准化建设,要从严从细抓管理,高标准,严要求,从每个干部到工人,从井上到井下,从机关到基层,从生产到经营,从思想政治工作到职工生活,全部制订出严格的工作标准,使项项工作有标准,件件事故有要求,并要一丝不苟,真抓实干,持之以恒。搞质量标准化建设,要严格制度不放松,对工程质量的检查,应该"班班有验收,旬旬有检查,随时抽查",执行制度不迁就,不讲人情。

3.3.2 实行"三工并存,动态转换"

在海尔有一句很流行的话是"今天工作不努力,明天努力找工作。"海尔员工为什么会有如此的紧迫感？让海尔员工感到巨大压力的首先是公司"三工并存，动态转换"管理办法的实施。

所谓"三工转换"，是通过考核，将全体员工分为优秀员工、合格员工、试用员工3种，分别享受不同的"三工"待遇，并根据工作业绩和贡献大小进行动态转换、全厂公布。公司内有一套完善的绩效考核制度，业绩突出者进行"三工"上转，试用员工转为合格员工，合格员工转为优秀员工；不符合条件的进行"三工"下转，甚至退到劳务市场、内部待岗。退到劳务市场的人员无论原先是何种工种均下转为试用员工，试用员工必须在单位内部劳务市场培训3个月才可重新上岗。同时，每月由各部门提报符合条件的员工到人力资源管理部门，并且填写"三工"转换建议表，然后由人力资源管理部门审核和最后公布。

(1) 实行"三工并存，动态转换"的意义

实行"三工并存，动态转换"有两大意义。

①解决认识上的两个误区：一是认为岗位定员，人员都很紧张，不能搞"三工并存、动态转换"；二是认为大家干得都很不错，没有优秀员工、合格员工、试用员工之分。"三工并存、动态转换"不能简单作为一种手段，一个措施，要作为一种机制。

②"三工并存、动态转换"机制重在转换，利于调动人的积极性，发挥人的潜能。各单位在推行"三工并存、动态转换"时，要保证公平、公正、公开，要充分发挥好三级核算的作用，疏通"三工"转换及大工小工转换通道，强化激励机制，使优秀的人更加优秀，试用员工能够通过转换进入合格、优秀行列，使企业保持强大的竞争力和旺盛的生命力。

(2) 实行"三工并存，动态转换"的方法

实行"三工并存，动态转换"有两种方法。

1)"小工转大工"考核

企业应分专业建立起"学徒工(试用工)——熟练小工——大工(技术工种熟练小工)"的三级递升考核体系。

①"学徒工——熟练小工"的培养

新进职工要先从学徒工(试用工)做起。采掘主要工种，除进行安全生产知识学习、工种操作技能培训外，还需到机修厂、井下作业进行实践锻炼，经考核合格后，成为本工种熟练小工。

对于其他工种学徒工，采用"师带徒"方式，指定技术过硬、现场经验丰富、责任心强的员工一对一进行帮带，并给予师傅每月100元带徒津贴。

各部门要建立起学徒工动态培养计划，要求新进职工从进矿之日起半年内全部培养成熟练小工。对于确因个人原因不能培养成熟练小工的，一律交内部劳动力市场。精细办、安监处组织人员不定期对各单位学徒工动态培养进行检查，凡没有完成的，每人每次罚单位500元。

②"小工——大工"的培养

各单位应重点加强小工转大工工作。员工在熟练小工工作3个月以上时，各单位采取本人自荐和班队长选拔相结合的形式，按照计划指标要求，每季度第一个月10日前确定小工转大工的人员名单，并报送到精细办、安监科备案。

　　在日常培养过程中,在保证安全生产的前提下,采取岗位置换、交叉作业等方式,由班队长现场安排要求转大工人员参与现场作业,并指定技术过硬、责任心强的大工一对一进行帮带,有计划、有针对性地进行选拔培养,每月给予师傅 200 元的带徒津贴。对熟练小工要求培养成技术工种熟练小工的,各单位在现场要安排专人进行帮带。

　　每季度最后一个月 25 日前将小工转大工考核合格人员名单报送到精细办、安监处。由精细办不定期组织相关人员进行抽查,安监处日常监督。对不符合规定的,发现一次罚单位2 000 元。转换成其他工种大工后,班队长应合理安排其工作。

　　一名优秀员工要成为其他工种大工,须先申请成为其他工种的小工,经过培养考核后,才能成为其他工种的大工。

　　各单位对长期不要求小工转大工,工作中不积极的人员,可采取降低工资等处罚措施,激发他们的工作积极性,力争通过 3 年的努力,使现场作业的每一位员工都能成为独当一面的"多面手"。

　　2)"三工"实行星级动态转换

　　①各部门结合三级核算考核,每月评选单位优秀员工和试用员工,原则上要求优秀员工评选比例不超过 10%,试用员工不超过 5%。各单位利用好工资二次分配制度,根据单位情况对优秀员工进行奖励,对试用员工进行适当处罚。

　　②对"三工"实行星级动态转换。凡连续 2 个月被评为月度优秀员工的,评为岗位一星级员工;连续 3 个月被评为月度优秀员工的,评为岗位二星级员工;连续 4 个月被评为月度优秀员工的,评为岗位三星级员工。最高为三星级员工。一、二、三星级员工单位每月分别发放星级津贴 100 元、150 元、200 元。每年度第一个月重新评选。

　　如违反以下规定之一的,直接评为当月试用员工,上月是星级员工的从该月起全部取消。

　　a.不服从领导安排,无理取闹,妨碍生产和工作,造成较大影响的。

　　b.有违章指挥、违章操作等"三违"行为的。

　　c.1 个月内 2 次违反矿、科区管理制度的。

　　d.越级上访,造成恶劣影响的。

　　e.其他认为有必要严重处理的行为和现象。

　　③被评为试用员工的,执行试用期工资待遇。试用期工资为岗位工资的 70%。连续两个月被评为试用员工的,直接进入矿内部劳动力市场,按照内部劳动力市场有关规定执行。

　　④凡具备下列条件之一的,直接评为月度优秀员工。

　　a.获得公司以上级奖励,或 2 次矿级奖励的。

　　b.现重大安全隐患,并及时汇报采取相应措施避免事故发生的。

　　c.在岗位专业方面获得矿持续改进项目奖励,并运用到实践工作中的。

　　d.关键时刻挺身而出,为矿挽回经济损失 1 万元以上的。

　　e.在精神文明方面受到矿公开嘉奖的。

　　f.其他认为有必要特殊奖励的行为和现象。

　　⑤为最大限度地提升员工的积极性和主动性,各单位应建立合格员工申报优秀员工制度。每季度开展 1 次。季度初,合格员工可向单位申请晋升优秀员工,各单位从德、能、勤、绩

4方面制订考核标准,并根据标准组织人员进行鉴定。符合条件的按申报人员的20%晋升为当月优秀员工。

⑥凡取得2个工种大工的,当月直接评为优秀员工。凡取得3个工种大工的,视同岗位一星级员工。取得4个工种大工的,视同岗位二星级员工。依次类推,并享受同等岗位星级津贴。

3.3.3 实行KPI考核

KPI(Key Performance Indication)即关键业绩指标,是通过对组织内部某一流程的输入端、输出端的关键参数进行设置、取样、计算、分析,衡量流程绩效的一种目标式量化管理指标。它是把企业的战略目标分解为可运作的具体目标的工具,是企业绩效管理系统的基础。

(1)基于KPI的绩效评价体系构建

与一般工业企业相比,煤炭企业有其自身的特点。煤炭企业各部门的工作特点差异大,既有长期从事井下生产作业的队组,也有辅助井下作业的安全检查、通风运输等部门,还有地面工作的各管理职能部门。因此,煤炭企业绩效考核体系的构建应按照合理的步骤确定测评者、考核对象、考核要素及权重、考核表单等。按照这一思路,煤业公司绩效评价体系的构建,首先需要确定测评者,即有哪些部门负责绩效考核工作。接着是确定考核对象,根据考核对象的工作性质划分为不同的考核类型,针对不同的考核类型采用KPI分析确定相应的考核要素,并运用AHP方法确定不同考核要素的权重。通过对考核要素的细分,确定不同考核要素的考核项目并制成考核表单,最终根据以上基础信息开发绩效考核信息系统。具体构建步骤如图3.1所示。

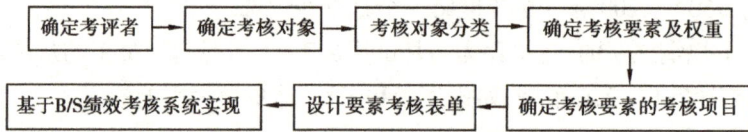

图3.1 绩效考核体系构建步骤

根据煤矿企业各部门工作的性质特点,将其划分为3类:A_1为一线井下生产部门,包括采煤队、掘进队及安监科等;A_2为二线生产辅助部门,包括通风队、供电队、运输队、调度室等;A_3为三线地面管理部门,包括财务部、综合办、劳资部等。同一类别的部门按照相同的绩效准则和权重进行打分考核,不同类别的部门具有不同的绩效考核准则或权重。采用KPI法针对公司原有的考核指标进行选择,最终确定的考核要素为6类:包括班组安全建设(B_1)、安全管理与隐患排查(B_2)、质量标准化(B_3)、企业文化建设(B_4)、员工行业养成(B_5)及现场标准化(B_6)。在每一考核要素下都设定相应的考核表,表中包含每一要素的考核内容,以百分制表打分。按照这一思路构建绩效考核体系如图3.2所示。

(2)基于AHP的考核要素权重确定

不同类别的考核对象对应着不同的考核要素,由于一线井下生产部门和二线生产辅助部门都涉及井下作业,其考核要素是相同的,都包含班组安全建设、安全管理与隐患排查、质量标准化和企业文化建设4类。不同之处在于各要素所占权重不同;三线地面管理部门由于不涉及井下作业,因此其考核要素包括企业文化建设、员工行为养成和现场标准化3项。各

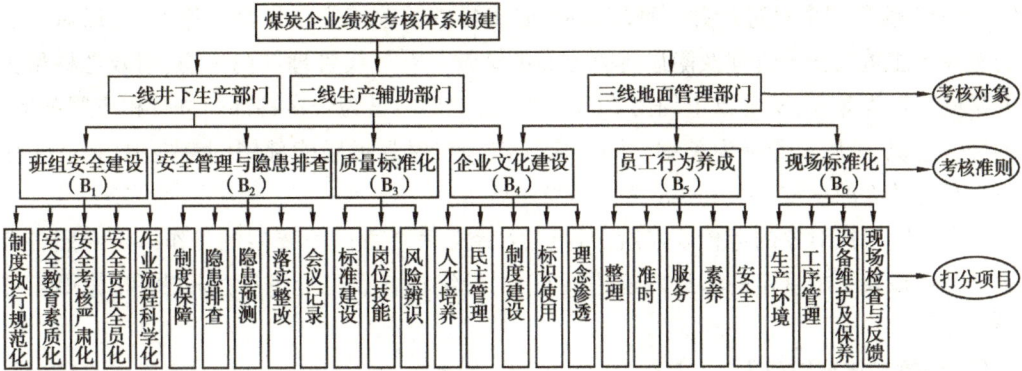

图 3.2　绩效考核评价体系结构

项考核要素权重确定的科学性是保证绩效考核效果的关键。通过对公司领导和相关专家进行问卷打分,运用层次分析法计算 3 类考核对象考核要素的权重,运算过程中进行了一致性检验,均符合一致性要求。不同类别考核对象考核要素及权重确定见表 3.4—表 3.6.

表 3.4　一线井下生产部门考核要素权重确定

A_1	B_1	B_2	B_3	B_4	相对权重
B_1	1	2	2	4	0.419
B_2	1/2	1	1	6	0.286
B_3	1/2	1	1	2	0.210
B_4	1/4	1/6	1/2	1	0.085

表 3.5　二线生产辅助部门考核要素权重确定

A_2	B_1	B_2	B_3	B_4	相对权重
B_1	1	1/4	1/2	2	0.147
B_2	4	1	2	5	0.512
B_3	2	1/2	1	2	0.243
B_4	1/2	1/5	1/2	1	0.099

表 3.6　三线地面管理部门考核要素权重确定

A_3	B_4	B_5	B_6	相对权重
B_4	1	1/4	1/2	0.129
B_5	4	1	2	0.515
B_6	2	1/2	1	0.258

通过以上对一线、二线和三线部门不同考核指标权重的计算,不难发现一线生产部门的绩效考核最为关注的是班组安全建设,权重约为 42%。因为对井下生产队组来说,安全生产是第一要务。对二线辅助部门来说,绩效考核最为关注的是安全管理与隐患排查,权重约为

51%，因为二线部门多是进行井下环境监测、隐患排查整改等安全保障工作的，所以对这类部门的考核更注重在安全管理及隐患排查方面的绩效。对三线管理部门来说，绩效考核最为关注的是员工行为养成，所占权重约为 51%，因为管理部门是为公司各部门进行相应服务的，员工的服务意识、素质素养最为关键。同时应该看到在对管理职能部门的考核中，企业文化建设也占有比较大的比重。

确定不同考核对象的考核要素所占权重后，绩效考核部门所要做的工作即是对照各考核要素下的考核表单中规定的考评内容进行打分，最终将各表打分进行加权求和，算得各部门的绩效分数。

（3）绩效考核系统研发

绩效考核系统的研发是在科学合理地确定不同考核对象的考核要素及权重的基础上进行的。系统的研发不仅实现了绩效考核的信息化，更为重要的是其研发过程注重绩效考核系统与其他系统的关联分析，实现不同系统间数据的共享，为信息的综合查询、统计分析和智能决策奠定了基础。绩效考核信息系统包含基础配置、日常管理和统计分析 3 个功能模块。

基础配置模块是绩效考核工作开展的基础，其主要功能是实现用户对绩效考核所需的测评者、考核对象、考核分类、考核要素、考核表单及绩效核算公式的灵活设置，对于以上各类基础信息，用户均可进行新建、编辑和删除等基本操作。同时，在基础设置过程中，上述各项基础信息是相互制约的，不同的测评者负责对指定考核对象进行考评，不同考评对象对应着相应的考核要素，而考核要素又有对应的考核表单，这就大大提高了绩效考核的规范性。

日常管理是绩效考核工作实现的核心，是实现绩效考核信息化的关键，其主要功能是测评者对各考核对象进行在线考评、绩效核算、信息查询和期末结账。在基础配置模块中，各类基础信息的设置是环环相扣的，因此考评者登录系统后，其对应的考核对象会自动提取出来，考评者选取考评对象后，该对象所对应的考核要素及表单会自动生成，考评者即可根据考核表单内容进行打分；完成打分后按照不同考核要素所占权重和要素所得分数自动计算每个部门的绩效考核结果；通过绩效查询功能，用户可以查询考核测评的结果，并可对考核结果进行反馈和确认后进行期末结账处理，最后考核结果正式生效，且不允许再修改。

统计分析模块是对绩效考核工作的数据挖掘，按照时间维度、空间维度和逻辑维度 3 个方面进行分析。时间维度上分析某部门绩效考核在一定考核周期内考核结果的发展趋势；空间维度分析针对全公司不同部门进行对比分析，对部门进行考核结果的排序等；逻辑分析是在数据关联模型构建的基础上，实现绩效考核结果与其他要素的关联分析，包括与设备点检人员点检率的关联分析、与安全排查人员隐患整改率的关联分析、与人员出勤情况的关联分析。绩效考核信息系统功能架构如图 3.3 所示。

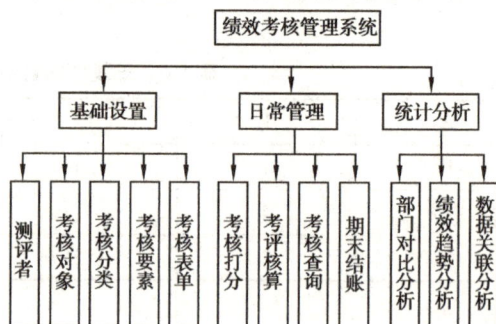

图 3.3　绩效考核系统功能结构

3.3.4　实施安全奖惩

关于安全奖惩的实施,有一定的原则。

(1)安全奖惩实施原则

为了规范职工安全行为和安全奖惩工作,保证生产安全,根据《劳动法》《安全生产法》等相关法律法规规定和《煤矿安全规程》,制订安全奖惩制度。

实行安全奖惩制度,坚持精神鼓励与物质奖励相结合以精神鼓励为主,教育与处罚相结合以教育为主的原则,引导职工遵守规章制度,自觉搞好安全生产。

对在安全生产方面有突出贡献者,依照本制度给予表彰和奖励;对违反企业安全生产规章制度,违反操作规程的违章指挥和违章作业行为,依照本制度实施经济处罚或行政处分。

职工必须履行法定的安全生产义务,遵守有关矿山安全法律、法规,遵守企业规章制度,认真执行安全操作规程,对本职的安全工作负责。

职工违反《煤矿安全规程》、安全操作规程、作业规程和本矿规章制度的,不论是否产生不良后果,均应承担责任。

(2)实施办法可参考如下案例

【案例】

××煤矿公司《安全生产考核奖惩办法》(节选)

第一章　总则

第一条　为了进一步强化安全生产管理,建立安全生产长效机制,根据国家有关法律法规,结合本公司实际,遵从"以人为本,帮教结合"的原则,特制订《安全生产考核奖罚办法》(以下简称《办法》)。

第二条　本《办法》适用于所属各部门及员工。

第三条　各部门负责人、班组长、作业现场的跟班负责人和特殊岗位作业人员是本职(岗位)范围内的安全生产第一责任者,对本职(岗位)范围内的安全生产负责。

第四条　各部门必须建立、健全安全生产责任制主体落实,认真贯彻执行《煤矿安全规程》《作业规程》《操作规程》和相应的行业规定与标准,落实业务保安责任制,强化安全生产与管理。

第五条　员工的权利

(1)有权拒绝任何违章指挥和强令冒险作业的行为。

(2)有权对本单位安全生产工作中存在的危及员工生命安全、身体健康和可能导致国家财产遭受损失的行为提出批评、检举、控告。

(3)发现有直接危及人身安全的紧急情况时,有权停止作业或采取应急处理措施后撤离作业场所。

(4)有权对本单位的安全生产(工作)提出建议或意见。

(5)有权对违反安全生产管理制度的行为进行抵制。

（6）因坚持安全生产而遭受打击报复或对"三违"（即：违章指挥、违章作业、违反劳动安全纪律）及事故责任方面的处理不服，有权向上级主管部门提出申诉。

（7）国家法律、法规所赋予的其他权利。

第六条　员工的义务

（1）有严格遵守本单位安全生产规章制度和操作规程、服从管理、正确佩戴和使用劳动防护用品的义务。

（2）有接受安全生产教育和培训的义务。

（3）有及时报告、处理事故隐患或其他不安全因素的义务。

（4）国家法律、法规所赋予的其他义务。

第二章　奖励

第七条　建立、健全安全生产激励机制和约束机制，变被动抓安全为主动抓安全。由公司建立安全奖励基金制度。

安全奖励基金的来源及使用：

①按吨煤或工资总额比例提取资金作为安全奖励基金。

②上级奖励及拨付用于安全奖励的资金。

③安全方面的安全考核。

公司安全奖励基金由财务科按当年文件规定标准提取并建立专项账目管理，专款专用。安全奖励基金主要用于安全方面的各种奖励。

第八条　凡具备下列条件之一者，由公司给予2 000元的奖励：

（1）在抢险救灾中临危不惧、挺身而出，避免事故扩大或人员伤亡的。

（2）在安全生产方面开展技术革新，提出合理化建议，发明创造成效显著的。

（3）积极消除事故隐患，避免事故发生的。

（4）举报"三违"或隐瞒事故行为，经查证属实的。

（5）按国家法律、法规和公司其他相关规定应给予奖励的。

第三章　考核

第九条　在生产过程中发生的"三违"或事故责任者，均要视其情节轻重、损失程度给予相应的处罚。处罚分经济处罚和行政处罚。触犯刑律的交由司法机关依法追究刑事责任。

（1）经济处罚：对个人处罚可给予一次性安全考核2 000元；造成直接经济损失的，可并处赔偿直接经济损失的1%~200%；其剩余金额由发生事故部门负责赔偿（另有文件规定的按文件执行，不重复安全考核）。

（2）行政处罚：分警告、记过、记大过、降级（职）、撤职、开除留用察看和开除等。

（3）凡受到经济处罚或行政处罚的人员，一律取消当月安全奖励，并取消当年的评先资格；受到安全记大过及以上至留用察看以下行政处罚的人员，1年内不能提职；受到安全留用察看处罚的人员，两年内不能提职，留用察看期间除取消安全方面的各种奖励外，同时每月扣款200元（在确保地区最低保障工资的基础上可在本人工资中逐月扣除）。

（4）因"三违"或失职、渎职酿成重大责任事故导致人员伤亡或重大经济损失，触犯刑律的交由司法机关依法追究其刑事责任。

第十条 凡发生员工伤亡事故或非伤亡事故,必须按照《工人、职员伤亡事故报告规程》和事故处理程序及时查处、结案、上报。对违反规定者实行安全考核200元。

第十一条 对"三违"人员的处理程序:在发生"三违"后,在违章事实清楚、违章性质明确的前提下,井管部门必须立即组织相关业务部门对违章事实调查取证。

(1)由安全部门牵头负责查处。"三违"人员须持"三违帮教卡"到有关部门接受帮助和规范行为教育,并视其情节轻重、认识态度给予处罚。

(2)对"三违"人员的安全考核由安全(管理)部门出具《安全、工程质量安全考核扣罚通知单》,每月28日前报劳资科,在当月工资表中安全考核扣款。

(3)安全(管理)部门对"三违"人员的取证材料、事实认定材料、结案材料和处罚决定要存档备查。

第十二条 发生下列违章行为之一者,安全考核200~500元,或给予记过至留用察看的行政处罚。

(1)发生事故后相关责任人员隐瞒不报、弄虚作假、订立攻守同盟、嫁祸于人、作伪证者。

(2)安全监察(管理)人员不秉公执纪或利用职权徇私舞弊者。

(3)对检举揭发人或证人打击报复者。

(4)干扰、妨碍安全执法,辱骂、殴打以及打击报复安全监察(管理)人员者。

(5)1年内2次及以上违章者("三违"卡)。

(6)酒后入井或上岗者。

(7)无风、微风、瓦斯超限作业和损坏通风设施的责任者。

(8)擅自进入盲巷、放炮警戒禁区者。

(9)不按规定排放瓦斯的责任者。

(10)同时打开两道风门造成风流紊乱者。

(11)违章放炮者或未按"一炮三检""三人联锁"进行放炮的责任者。

(12)擅自甩掉或不按规定装备各种安全保护装置的责任者。

(13)违反民爆物品管理规定的责任者。

(14)穿化纤衣服入井者。

(15)采掘误入突出危险煤层、煤柱区,或掘进误穿突出危险煤层的责任者。

(16)瓦斯检查员空班漏检、假检、弄虚作假者。

(17)在突出危险区域、不按规定施工预测孔、消突孔、检验孔,谎报预测和检验参数或参数不正确,超采、超掘防突控制范围的责任者。

(18)井下采掘作业中不按规定使用瓦斯检测、报警和断电保护装置的责任者。

(19)井下带电作业、违反停送电制度和非专职电工擅自打开井下防爆电气设备者。

(20)擅自进入煤仓、溜煤(矸)上山(眼)作业者;用水冲下煤系统者。

(21)擅自开停局扇,造成瓦斯超限的责任者。

(22)进入下煤系统不带保险绳的,没有两人同行者;发现水患队干未安排治理者。

(23)故意遮挡监控设备者。

(24)其他严重违章行为。

第十三条　发生下列违章行为之一的,属严重违反企业规章制度的行为,安全考核300～2 000元,或给予开除的行政处罚,同时解除与其签订的《劳动合同》或按矿文件处理。

(1)携带烟火入井或在井下吸烟者和井下拆卸矿灯者。

(2)在井口、料场大门内吸烟者,安全考核300元/次,严重者按"三违"处理。

(3)主副斜井爬、蹬、跳运行中的车辆、斜坡蹬大钩者。

(4)盗窃井下动力电缆、接地线、通信(信号)电缆者。

(5)带不防爆物器入井者。

(6)受到开除留察处分期间继续违章者(非安全因素受到开除留察处分的不在此列)。

(7)因受到开除处分的其他严重违章行为和在本《办法》第十三条中情节特别恶劣的严重违章行为。

凡发生上述违章行为之一者,必须立即停止其与单位有关的一切工作,等待调查处理。

第十四条　对"三违"实行连锁安全考核。对违章行为不制止、不汇报者按"三违"处理。发生3人及以上集体违章,要追究所在部门管理人员的责任。发现作业现场存在隐患不处理、不汇报,按"三违"处理,安全考核200元。

第十五条　新工人上岗前、转岗人员转岗前不按规定进行安全培训,特种作业人员合格证未按规定进行复训、年审的责任者,安全考核200元。

(1)职工领矿灯后不领自救器,经工作人员提醒仍不领者,安全考核100元/次;入井不带自救器者安全考核200元/次,遗失、损坏照价赔偿。

(2)按《煤矿安全规程》规定井下应该携带便携式瓦检器人员,未携带者,安全考核200元/次。遗失、损坏照价赔偿。

(3)职工在井下未配戴口罩工作者,安全考核100元/次。

(4)职工入井未带人员定位识别卡者,安全考核200元/次;坏的应及时更换,遗失、损坏照价赔偿;将识别卡交他人带入作假者分别安全考核300元/次。以调度室人员定位系统参数为准,安全部门不定时抽查,调度室每班必须与检身工核查当班井下人员人数是否正确。

(5)职工工作时未戴手套者,安全考核50元/次。

(6)职工入井未穿戴好工作服,裸体作业者,安全考核50元/次。

(7)职工入井未背好矿灯者,安全考核50元/次。

(8)安排工作未及时完成的,考核100元/次。

第十六条　特种作业人员未持特种作业人员资格证复印件上岗者,安全考核200元/次;特种作业人员违反《操作规程》,安全考核200元/次;无证人员操作机运设备,安全考核300元/次。造成事故的加重处罚。

第十七条　特殊工种不按规定手上交接班、工作岗位上睡觉或擅离职守者安全考核200元/次。

(1)工人在井下睡觉者,安全考核200元/次。

(2)井管人员在井下睡觉者,安全考核300元/次。

第十八条　在井口20 m范围内吸烟或擅自动用其他火源的,安全考核200元/次。

第十九条　无措施使用刮板运输机运送物料,乘坐运行中的刮板运输机者,安全考核200

元/次。

第二十条 故意扰乱生产(工作)秩序者,安全考核200元/次;工作中吵架、打架斗殴者安全考核300元/次,并交保卫部门查处。

第二十一条 无故损坏各类管理牌板者,安全考核200元/次,并赔偿经济损失的200%。

第二十二条 坡度在30°以上的煤仓、人行道、斜巷交叉口未设置防坠设施的责任者,或从事有坠落危险工作不系保险带、不戴安全帽者,安全考核200元/次。

第二十三条 《作业规程》未组织员工学习考试,安全措施未经贯彻就作业的责任者,安全考核200元/次;擅自改变《作业规程》《安全措施》或无《作业规程》《安全措施》作业的责任者,安全考核200元/次。

第二十四条 过地构处时无措施便施工者,罚现场作业人员和相应生产区队主要管理人员200~300元/次。

3.3.5 建立职工绩效工资量化考核办法

建立职工绩效工资量化考核要有依据,并运用科学的工具组织实施。

(1)量化考核的依据

量化考核是在借鉴海尔集团"OEC管理法"的基础上,结合矿井实际,按照"公平、公正、公开"的原则,对员工所做工作进行"全员、全过程"控制的一种管理方法。目的在于促使员工做到"日事日毕、日清日高",即每天的工作每天完成,每天的工作要归纳总结并要每天都有所提高。

(2)量化考核的工具

在推行量化考核的过程中,运用"时间管理"这一有效管理工具,为员工设计了包括工作计划和工作完成情况两大内容的工作日志表。它让员工对自己每天要做的一些工作事先列出一份清单,再按照重要、次重要、一般和次要进行"象限"分类,排出先后顺序,突出工作重点,确认完成时间,避免因工作繁忙而遗忘,尽可能地做到"今日事今日毕"。通过"时间管理"工具的应用,实现了机关科室员工工作流程化的管理目标。

(3)量化考核的实施

在实施量化考核的过程中,结合矿井实际,按照"人人有事干、事事有人管、件件有落实"的标准,遵循"个人分工兼顾全矿整体工作"的原则,将矿井涉及的所有工作责任到人、量化到分,力求通过量化考核做到全员工作效果最大化。考核指标体系的充实和完善,使得量化考核更加科学,考核内容紧贴工作实际,检查落实办法切实可行,积分评定结果公平公正,有效规范了矿井管理工作。

①加强组织领导。为保证全员量化考核的公平公正,就要制订相关科室及个人量化考核管理办法及考核标准,成立以矿长为组长,副矿级领导为副组长,各副总及科级干部为成员的领导小组,主要负责日常考核、对各科室考核进行抽查和评审复议工作,为矿井量化考核的健康有序开展提供组织保障。

②明确考核方式。量化考核分两级进行考核:一是矿考核领导小组对科室的考核打分,主要以科室工作完成情况、量化考核抽查及复议情况为依据。二是科室对员工的考核打分,

主要以个人工作日志、月度自评分数、工作效果、抽查情况为考核依据。考核内容包括目标管理、基础管理、科技创新、管理创新、企业文化及其他几部分。其中，目标管理包括矿工程进度、质量、投资、安全目标等；基础管理包括工程人员的现场管理、经营人员的经营管理、劳资部门的人力资源管理等部门的本职工作和企业文化、业务学习等工作；其他考核内容主要依据耗费时间长短、工作量大小、经济效益等进行分值量化，由此形成一条连续的"积分链"。为确保考核工作的公开透明，所有考核工作都要通过局域网公布每个人的实时得分。

③量化考核细则。《××煤矿科室及个人量化考核标准》对全矿目标管理、基础管理、科技创新、管理创新、企业文化及其他4大块考核内容进行了细化、量化。共细化分解岗位工作内容及量化考核标准200余条，涵盖了矿井管理工作的方方面面，每个人做哪一项工作的评分标准是多少一目了然，以期实现"全矿执行统一标准，制度面前人人平等"的量化考核工作目标。

④强化考核奖惩。由于量化考核标准是统一的，大家都在同一起跑线上，促成了"每一个岗位都有工作标准，每一个岗位有2个人以上都存在竞争"的量化工作格局。也就是说，有2个或2个以上人员从事同一岗位工作的，都能够通过量化考核分出优劣。因此，在考核结果应用上，按照"没有考核绝不兑现"的原则进行奖优罚劣，不仅可以强化各项规章制度的刚性，提高考评工作效率，更能彻底打破打印象分、投人情票的不合理状况，真正体现"按实绩奖惩兑现"的原则，极大地提高全员工作的积极性、主动性，形成工作目标高点定位、工作过程精益求精的良好工作氛围。

3.4 "三违"及事故管理平台与务实

煤炭生产过程中的"三违"现象，一般是指煤矿企业工作人员在生产、管理工作中违章作业、违章指挥和违反劳动纪律的行为。这些行为多数导致了伤亡事故的发生。据统计，全国煤矿生产过程中的伤亡事故近90%是因"三违"造成的。"三违"不仅危及矿工人身安全，造成重大经济损失，而且还会给职工家庭带来不幸，影响社会安定。

3.4.1 "三违"管理

在煤炭行业中，对"三违"的管理非常重要。
(1)"三违"的原因分析
"三违"的原因有以下3类：
1)违章作业
①有章不循。这种现象在煤矿较为普遍。行为人往往只凭自己的习惯和经验办事，不管规章制度是如何规定的。如某矿运料班一司机开机车行至大巷风门处，车未停稳就下车去开风门，被机车带入风门挤压致死。
②过分自信，冒险蛮干。有这种行为的人，多数在井下工作多年，不少是一线骨干。他们知道事故大多数出于违章作业，但不等于每次违章都必定导致事故。过分自信，促使他们冒

险蛮干。如某矿的一位电工,在井下测试水泵性能。他不要监护人,不对高压采取隔离措施,就在电流工互感器上接测试仪表,被电击致死。

③无证上岗。无证上岗人员往往是未经培训或培训不合格就上岗。如某矿地面一名非司机,驾驶机车开至变电所附近时,身体露出车外,被挤下车摔死。

2)违章指挥

违章指挥中有两种情况:一是指挥者没有经过上岗任职培训,不完全熟悉安全技术规程,错误指挥;另一种是明知有危险,是违章行为又不采取补救措施而指挥工人去干。如某矿一煤巷停风后,因需要拿材料,遂指挥一名工人进巷去拿,结果被瓦斯窒息死亡。

3)违反劳动纪律

违反劳动纪律往往是一些觉悟不高的职工,离开工作集体和场所,去隐蔽处休息,因缺氧窒息死亡,或因冒顶砸死,或因出事故无旁人觉察与抢救,导致事故扩大等。

(2)"三违"人员分类分析

"三违"人员一般可从 4 个方面进行分类:

1)违章人员分类

据统计,工人违章占绝大多数。干部违章者少,主要出现在区(队)长和班(组)长两级。前者主要是违章指挥,后者违章指挥和违章操作两者兼有。

2)违章人员年龄结构分类

在违章人员中,30~45 岁的人员占第一位,其次是 30 岁以下的人员,再次是 45 岁以上的人员。30~45 岁者违章的原因有 3 个方面:一是自以为有经验,过分自信而蛮干违章;二是过分注重经济利益而图省事、走捷径,不严格按操作程序办事而违章;三是因领导信任这部分人,缺少叮嘱和监督,出现违章。

30 岁以下的违章人员,多数因为不懂得如何操作而违章。这部分人虽有其他心理因素导致他们有违章行为,但他们往往在师傅或领导的带领和监护下工作,故而违章行为受到一定限制。

45 岁以上的违章者,往往出现在零星工作点和处理意外工作情况时。零星工作场地作业人员少,他们认为可能不会被别人发现自己的违章行为。处理意外情况时,违章有两种情况:一是急中无智,在慌乱中误操作而违章;二是自作聪明,忘却操作规程之规定,按主观臆想办事,但这部分人往往以师傅、老工人的身份出现在各种场合,故违章人数相对较少。

3)违章人员文化程度分析

违章人员中文化程度以初中为主,其次是小学文化。出现这种状况主要是目前井下职工中,初中文化程度占的比例大,人员多。主要特征是文化层次的低下和安全生产知识的匮乏。

4)违章时间分析

违章主要集中在 16:30~18:00,这段时间里,职工有赶时间、抢任务的心理,在忙碌中违章。其次是 12:00,14:00 和 9:00,这段时间多为交接班,一方面是为了交接班的工作任务,为了计件数量的多少而赶工图快;另一方面是这段时间的监督检查相对较少。

(3)对策措施

"三违"是煤炭生产中事故的主要根源之一。控制"三违"是降低煤炭生产伤亡事故的重要手段,其对策主要是从治本和治标两方面入手,具体措施是狠抓培训教育和改善劳动环境,不放松有针对性的监督检查等。

1)切实抓好职工安全教育及培训

①安全技术培训不能流于形式。少数单位对新工人、特殊工种等人员的培训,时间达不到要求,培训内容针对性不强,特殊工种无证上岗或调换工种(井矿)后未经重新培训上岗的现象比较普遍,这些都要有针对性地抓好。

②培训内容应简明易懂,易学易记。目前,井下工人文化程度较低,在培训内容上应通俗易懂,易于理解。

③"三违"规定要简明扼要。有的单位制订的制止"三违"的条例有几百条,工人记不住,又怎么在工作中注意哪些是违章行为而不为之呢?

④公开招考特殊工种。运用竞争机制,每年对瓦检员、提升运输司机、安检员等实行公开招考,结合平时工作表现择优录取。把熟悉专业技术业务知识、具有实践经验、热爱本职工作的人选到重要岗位上来,同时要加强责任感教育,使其认识到自己担负的工作不仅涉及自身安全,更重要的是肩负着他人的安全,一旦自己工作失误,还会危及他人的安全。

⑤采取多种形式的安全宣传教育。如有些单位除在显著位置贴一些安全警句、标语、宣传语外,还在更衣室、矿灯房、井口走廊两侧设置张贴井下各工种简明操作规程的固定橱窗,以图文并茂的形式向职工进行安全宣传教育,能收到很好的效果。

2)加强管理,把事故消灭在萌芽状态

煤矿生产过程中客观条件存在的不安全因素、人的不安全行为、生产环境的不断变化情况等,事故在发生之前总会出现苗头。不管它们在发展变化过程中能否导致事故,都要把它看作不安全因素来加以控制,限制其向不利于安全生产的方向发展,把事故控制或消灭在萌芽状态。

3)落实责任制,增强责任感

矿工生命安全系在第一责任者身上,责任重大。为此,煤矿企业领导要做到以下5点:一是领导干部,特别是一线领导要重视安全,关心安全,熟悉安全规程,做好表率。不违章指挥,本人不违章作业。二是作风要实,有强烈的责任感。据某局一次夜间查岗统计,某矿级干部值班2人,脱岗1人,重要场所干部上岗应为17人,脱岗6人。还有个别干部下井不到1 h就升井,谎填下井时间。三是要及时制止违章。如某局某矿某月某日无风放炮事故,班长在场不但不制止,反而叫放炮员"搞快点,放了就走"。有的干部怕得罪人,见违章绕道走。四是要秉公执法,一视同仁。有的对工人处理严,对干部处理宽。最近群众来信反映,湖南某局某矿发生瓦斯窒息死亡事故。事故后工区主任被撤职一事未落实。五是要敢于对违章行为"曝光",不要怕影响小集体或某个人的荣誉等。

4)为职工创造良好的劳动环境

很多违章行为,并不都是职工主观上想违章,而是由于生产环境所迫。因而,为职工创造一个良好的劳动环境应当引起各级领导重视。尤其是在追查事故时要转变一个观念:在分析"三违"事故时,既要分析工人的违章行为在哪里,也要分析是否有客观条件逼迫工人违章的因素。例如,工人的"爬、蹬、跳"行为屡禁不止的现象是否从客观上为职工按规程"长度超过

1.5 m 的主要行人平巷,上下班时必须采用机械运送人员"的规定配备了载送人员工具,避免因职工下班时过分疲劳而又无载人工具,去爬载重列车造成事故。又如出现坠落事故后,除分析工人是否按规程要求操作外,还要分析是否按规程"倾角 θ 在 25° 以上的小眼、人行道、上山和下山的上口,必须设有防止人员坠落的设施"的规定设置了防坠设施。为工人创造了良好的作业环境,就会减少违章现象的出现,或者会降低事故危害程度。

5) 严格"三违"考核奖惩

企业要健全完善制止"三违"的有关规定。尚未健全完善制度的应及时修改完善,并经广泛征求群众意见,由职代会讨论通过后实施,使之有法可学,有法可依。有了制度,关键在落实。目前有些单位设部门兼管。多数单位有制度,但有不少单位的制度流于形式,落实差。为此,提出以下建议:

①指定安检、干部、劳资、党群部门共同负责掌握违反"三违"制度执行情况,实施考核,奖罚等职能。

②给干部下反"三违"指标。区队长以上干部和机关人员带任务下井。定期公布干部抓"三违"完成任务情况,并同时进行奖惩。

③为工人设举报"三违"奖。实行举报"三违"者奖,见"三违"不制止、不抵制、不举报、替"三违"人员说情者罚的制度。

【案例】

××煤矿企业《"三违"管理制度》规定

为认真贯彻执行"安全第一、预防为主、综合治理"的安全生产方针,全面落实安全生产法律、法规和相关制度,有效杜绝"三违"现象行为,进一步落实两个规范(规范管理、规范操作),保障员工生命安全和身体健康,促进矿井安全生产持续稳定健康协调发展,根据上级文件精神要求,结合我矿实际情况,制订"三违"管理制度。

(1)"三违"的识别

"三违"是指违章指挥、违章作业、违反劳动纪律。

1)违章指挥的识别

①违章指挥:是指违反国家的安全生产方针、政策、法律、条例、规程、标准、制度及生产经营单位的规章制度的指挥行为。

②违章指挥的原因:不从实际出发,盲目追求完成生产任务;没有安全防护设施,设备、人员、方法等条件不具备;安全意识淡薄,不懂安全技术和规程,不尊重专家与职工的建议,强令或指挥他人冒险作业。

③常见的违章指挥行为:不按照安全生产责任制有关本职工作规定履行职责;不按规定对职工进行安全教育培训,强令职工冒险违章作业;新建、改建、扩建项目不执行"三同时"(同时设计、同时施工、同时投入生产和使用)的规定,不履行审批手续;对已发现的事故隐患不及时采取措施,放任自流等。

2）违章作业的识别

①违章作业行为：是指在劳动过程中违反国家法律法规和生产经营单位制订的各项规章制度，包括工艺技术、生产操作、劳动保护、安全管理等方面的规程、规则、章程、条例、办法和制度以及有关安全生产的通知、决定等。

②出现违章作业行为的原因：安全技术水平不高，不掌握正确的操作方法；明知是违章行为，但冒险作业；明知正确的操作方法，但怕麻烦、图省事而采取违章操作行为；侥幸心理严重，明知这种违章可能导致事故发生，仍采取试试看的违章行为。

③常见的违章作业行为：不按规定正确佩戴和使用劳动防护用品；工作不负责任；发现设备或安全防护装置缺损，不向领导反映，继续操作；不执行规定的安全防范措施，对违章指挥盲目服从，不加抵制；不按操作规程、工艺要求操作设备；忽视安全，忽视警告，冒险进入危险区域等。

3）违反劳动纪律的识别

①违反劳动纪律：是指违反劳动生产过程中为维护集体利益并保证工作的正常进行而制订的要求每个职工遵守的规章制度的行为。劳动纪律包括组织纪律、工作纪律、技术纪律以及规章制度等。

②常见违反劳动纪律的表现：迟到、早退、脱岗、串岗、睡岗；工作时间干私活、办私事；工作中不服从分配，消极怠工；不听从指挥，无理取闹、纠缠领导、影响正常工作；不遵守各项规章制度等。

（2）"三违"的分类

"三违"根据情节严重程度分为严重"三违"、一般"三违"、轻微"三违"。

（3）"三违"人员管理

①抓"三违"人员、制止"三违"人员。必须将违章者单位、班组、地点、班次、时间、违章者姓名、违章事实、制止"三违"人员单位、姓名、接收人等信息填写清楚报安监科。

②安监科建立"三违"人员管理档案。包括"三违"罚款登记表、"三违"台账、"三违"人员学习考勤表；主要记录"三违"人员姓名、工种、违章时间、罚款金额、罚款原因、扣分分数、罚款部门、帮教时间、帮教考勤情况、考试成绩等内容。

③各级管理人员发现"三违"行为时必须及时制止、纠正其不安全行为。现场不予制止、只给予举报或等待违章行为发生的，对被举报"三违"人员罚款200元，不计入"三违"指标。

④对屡次出现"三违"拒不签字（拒查证）者的个人，将加大处罚力度。第一次处罚200元，第二次处罚400元，第三次将被开除。

⑤凡出现3次以上"三违"行为者，停班学习，未经安全矿长和安监科批准不许上班。

⑥各分管领导、科长及安全管理人员必须履行通知、告知义务，通知"三违"人员到安监科接受调查。未按规定时间到安监科落实"三违"情况者，安监科将根据制止"三违"人员提供的情况予以认定。

⑦对施工单位和个人的罚款。必须以书面罚单为依据，通知单下发到单位和个人，月底经矿长、安全矿长签字后由矿财务部门直接扣款。

⑧对"三违"的处罚必须严格按照《××煤业有限公司"三违"考核细则》执行，不得私自决

定罚款金额。

（4）制止"三违"任务指标

①针对我矿现阶段安全现状，为强化管理，规范职工操作行为，严格各项制度的贯彻落实，将相关安全管理人员分配制止"三违"指标如下：

矿级领导每人每月制止"三违"行为不少于 2 人次。

科级管理人员每人每月制止"三违"行为不少于 2 人次。

井下专职安全管理人员制止"三违"任务指标每人每月至少 3 人次。

②安监科每月 5 日前将上月"三违"及"三违"指标完成情况统计公示，完不成指标的按矿安全绩效考核制度进行考核。本着"惩防结合、教育他人"的原则，安监科要及时组织有关人员认真进行分析，查明原因，落实责任，并按照本制度进行考核。严重"三违"要在全矿予以通报。

（5）"三违"人员的帮教

1）由安监科设专人负责"三违"人员的帮教

"三违"人员接到学习通知后，第二天到安监科报到，安监科认真登记，按照规定给予处罚，绝不姑息迁就，坚决针对违章的情况进行帮教。

2）帮教时间

①轻微"三违"人员，由科室负责进行批评教育。

②对一般"三违"人员，由安监科利用 3 d 业余时间帮教（也可停工 1 d 进行帮教）。

③对发生严重"三违"行为和屡查屡犯一般"三违"行为人员由安监科负责实行停工帮教（7~15 d）。

3）帮教要求

①帮教地点设在安全教室，帮教工作由安监科人员负责，可由分管科室共同进行帮教。

②由帮教人员对违章者进行思想观念教育及重新上岗的岗前教育以及对违章事实的剖析教育。

③帮教期间，违章者要学习《安全规程》《作业规程》《操作规程》、岗位责任制、安全法规条例及事故案例等内容。

④违章者在帮教时间内要写出深刻体会和保证书。

⑤帮教结束后，要根据具体情况对其进行安全知识和业务技能的考试，经考试合格后，重返工作岗位。

（6）考核标准

①集体或施工单位违章罚款 1 000~3 000 元。

②严重违章对责任人罚款 300 元。

③一般违章对责任人罚款 100 元。

④轻微违章对责任人罚款 50 元。

3.4.2　事故管理

事故管理包括事故原因分析和预防对策两项内容。

(1)事故原因分析

通过剖析煤矿生产安全事故发生的特点和演化规律,发现在煤矿生产过程中,由于管理、人员、物资、信息以及环境5个方面存在的缺陷,导致了职工的不安全行为、设备和设施的不安全状态或不安全生产环境的形成,并最终造成煤矿安全事故的发生。

1)管理疏忽或者失误

在煤矿生产过程中,表面上管理的因素是相对稳定的,但实际上管理因素随着环境的改变而呈现动态的变化,并且这种变化不易被察觉,经过长期的积累,就有可能导致不安全状态的出现,造成安全事故发生的严重后果。管理的疏忽或者失误主要包括:a.生产过程的劳动组织设置不合理,规章制度不健全。b.安全生产责任制未落实,管理人员对工作不负责任、玩忽职守。c.安全生产管理机构设置不全,安全管理人员配备不足。d.安全生产检查工作开展不彻底,未能及时发现潜在的安全生产事故隐患并消除各种隐患等。

2)人的综合素质及心理缺陷

煤矿安全事故的发生,很多是由于煤炭企业人员自身所存在的综合素质、心理状态等方面的缺陷造成的,包括:a.与安全有关的知识不足,对作业过程中的危险性及其安全运行方法无知、轻视、不理解、训练不足,坏习惯及没有经验。b.安全生产意识淡薄,对安全生产不够重视,存在着侥幸心理和冒险心理。c.安全生产知识不足、技术素质低,现场指挥能力或操作能力差,紧急应变能力和自我保护能力差。d.责任感弱,在煤矿生产过程中,粗心大意、敷衍塞责。

3)物资缺陷

物资缺陷是指煤炭企业在物资装备方面的不足,包括生产设备以及安全防护设施两方面。生产设备方面的缺陷主要是指企业生产设备投入不足,生产设备更新周期过长,造成生产设备陈旧、老化,或者因为企业对生产设备的维护不够,致使生产设备故障多、安全性能低下。安全防护设施方面的缺陷主要指企业安全欠账严重,安全防护设施不齐全,安全防护设施配置不符合既定标准,致使企业防灾抗灾能力下降;或者疏于对安全防护设施的维护,导致安全防护设施故障多等。

4)信息的缺失

信息缺失是指在煤矿生产安全管理过程中,煤炭企业所掌握或占有的与企业安全生产相关的信息不完全、不准确,从而引起管理者决策失误或操作者行为失当,并导致煤矿安全事故的发生。信息缺失包括两层含义:第一,在数量上表现为信息不充分、不完全,从而使决策者或操作者无法作出正确的决策和实施正确的行为,从而引起煤矿安全事故的发生。第二,在质量上表现为信息不真实、不准确,从而导致决策失误或行为失当,进一步可能造成人的不安全行为、物的不安全状态和环境的不安全条件,最终引发事故。

5)环境因素

环境因素包括煤矿生产和开采所处的自然条件和作业环境。在重庆,大多数煤矿地质条件复杂、自然灾害多、开采条件恶劣,而且煤矿生产多数在井下作业。其自身的特点决定了在煤矿生产过程中,职工容易遭受顶板、瓦斯、煤尘、火灾、水灾等自然灾害的危害,容易导致煤矿事故的发生。另外,由于矿井中自然环境复杂、生产作业面温度较高、通风不畅、照明不足等,导致了不安全的生产环境的形成,也严重影响了职工的工作状态,造成事故的发生。

(2)事故预防对策

通过以上分析可知,管理、人员、物资、信息和环境中的一项或多项的缺陷是导致煤矿安全事故发生的主要原因。因此,为了有效地控制和预防煤矿安全事故的发生,彻底改善煤矿安全生产状况,在今后的煤矿生产安全管理工作中,应该做到"2个完善、3个加强"。

1)完善煤矿安全生产管理制度体系建设

安全管理缺陷是煤炭企业伤亡事故多发的首要原因,因此,煤炭企业应该从自身内部加强安全管理的建设和改进。它的内容包括:贯彻执行国家关于煤矿安全生产的各项方针政策、法律法规和标准;组织制订和完善本企业的安全生产规章制度和操作规程,并强化各规章制度和规范的落实,给企业员工提供明确的行动指南;建立健全本企业的安全生产责任制,明确各级部门和各类人员的安全生产责任;组织开展企业内部安全生产检查,对事故隐患及时作出整改措施并限期解决,消除生产安全事故隐患。

如某公司制订了《安全生产责任制度》《安全投入保障制度》《安全质量标准化制度》《安全教育与培训制度》《安全监督检查制度》《事故应急救援制度》《事故报告和调查处理制度》等安全生产管理制度。

【案例】

××煤矿事故报告和调查处理制度

第一条　为进一步加强安全管理,强化事故管理工作,全面掌握事故情况,查明事故原因,认真吸取事故教训,研究分析事故发生规律,防止同类事故发生,减少企业财产损失,保证职工生命安全,及时采取针对性措施,依据国家法律、法规及企业有关规定,结合矿井实际,特制定本制度。

第二条　事故汇报程序

1.事故发生后,事故现场人员(矿级带班人员、部门带班人员、各队带班人员、安全员、班组长等)要立即报告矿调度室、安全信息值班室。

调度室值班电话:×××、　　　　内线:×××

2.不论矿井还是地面,只要发生伤亡事故,现场人员必须及时将事故情况(事故时间、地点、经过、伤亡情况、采取的措施)上报矿调度室,并立即采取有力措施,组织抢救,防止事故扩大;因抢救不及时或处置不当,造成事故扩大者,要追究单位负责人及相关人员的责任。

3.二级以上非伤亡事故或重大未遂事故、重伤、涉险事故、伤亡等重大事故报告后,要立即报告集团公司总调度,然后逐级上报。伤亡事故报告应当按规定的时间进行上报。报告内容包括事故发生队组、时间、地点、伤亡情况、初步原因分析等。

4.调度室接到事故报告后,要及时汇报有关单位。由安全处组织,分管领导参加及相关人员到事故现场进行调查。事故单位必须设法保护好现场,并做好事故调查、取证、分析的准备工作。对故意破坏现场,拒绝接受调查或拒绝提供相关情况和资料的单位负责人或直接责任者给予行政处分。

5.地面交通事故及其他事故(与工作有关)的汇报,由事故责任人汇报到本单位负责人及值班人员做好记录,本单位负责人汇报到调度室,地面安全科组织分析处理。

6.地面交通事故及其他事故(与工作有关)的汇报时间执行相关规定,超出时间固定的上下班途中行经路线不符的,相关手续不全以及不符合国家规定的一律不予办理工伤审批。

第三条 事故调查

1.轻伤、重伤事故,由矿安全部门组织,生产、调度、保卫等部门有关人员组成调查组进行调查。

2.凡发生二、三级非伤亡事故,由矿调度室组织生产、机电、通风、地测、安全科等部门参加进行事故调查。调查处理结果及时上报煤业公司安监局。

3.凡发生重伤以上事故、一般非伤亡事故和重大未遂事故,根据事故调查权限由煤业公司等上级单位组织事故调查分析。

第四条 事故调查组成员应符合的条件

1.具有事故调查所需要的某一方面的专长。

2.与所发生事故没有直接利害关系。

3.系相关业务科室负责人、分管领导。

第五条 事故调查组职责

1.查明事故发生的经历、原因和人员伤亡、经济损失等情况。

2.确定事故的性质和责任者。

3.提出事故处理意见和防范措施。

4.写出事故调查报告。

第六条 事故调查组有权向发生事故单位的有关人员了解情况和调阅有关资料,任何单位和个人不得阻碍、拒绝、干涉事故调查组的正常工作。

第七条 事故分析

事故调查结束后,进入事故分析和事故责任认定及责任追究程序,具体执行以下规定:

1.基本原则

①实事求是、客观公平原则。

②依法办事、规范考核原则。

③惩前毖后,治病救人原则。

④科学分析、超前防范原则。

2.事故调查分析步骤

①整理和阅读内容进行分析。

②按以下7项内容进行分析。

受伤部位、受伤性质、起因物、致害物、伤害方式、不安全状态、不安全行为。

3.确定事故的直接原因

直接原因是指直接引发事故的因素,包括人的不安全行为,如误操作、违章作业、违章指挥、违反劳动纪律等;物的不安全状态,如机械、物资、环境等方面的事故隐患等。

4.确定事故的间接原因

间接原因是指管理上出现纰漏,或没有有效预防事故,或在一定程度上促进了事故发生,或造成事故后果扩大的因素,包括:

①设计、技术、管理机制或制度上的缺陷。

②劳动组织不合理。

③未经培训或教育培训不够,缺乏或不懂安全操作技术。

④没有操作规程、安全技术措施或规程、措施不健全、不完善。

⑤对现场工作缺乏应有的检查、指导或指导错误。

⑥对事故隐患没有及时整改或整改不力。

⑦没有或不认真实施事故防范措施。

⑧其他方面。

5.事故责任分析

①根据事故调查所确认的事实,通过对直接原因和间接原因进行分析,确定事故的直接责任者、间接责任者。

直接责任:凡是导致事故发生直接原因的人员责任属直接责任。

间接责任:产生人的不安全行为、物的不安全状态、管理缺陷的间接原因的人员责任属间接责任。

②事故责任人员一般分为4类责任:直接责任者、主要责任者、重要责任者、一般责任者。

直接责任者主要是指因违章操作或违章指挥直接导致事故发生的人员。主要责任者、重要责任者和一般责任者属于间接责任,主要是指各级管理人员、矿(厂)级领导。其中领导责任又分为主要领导责任者、重要领导责任者和一般领导责任者。

第八条 事故责任追究及考核

依据煤业公司《事故报告和调查处理制度》,对事故追究处理作出以下规定:

1.发生重伤事故,对事故单位分管生产、安全的领导处300~500元罚款;对责任科室科长、副科长处200~300元罚款;对事故区(队)长、支部书记、跟班副队长处200~300元罚款;对当班班组长、安全员给予行政警告处分。

2.发生轻伤事故,对事故单位分管生产、安全的领导处200~500元罚款。

3.发生一起二级非伤亡事故,对事故单位分管生产、安全的领导处200~600元罚款;对责任科室科长、副科长处200~300元罚款;对事故区(队)长、支部书记、跟班副队长行政警告处分;对当班班组长、安全员行政记过处分。

4.发生一起三级非伤亡事故,对事故单位分管生产、安全的领导处500~800元罚款;对责任科室科长、副科长处600~900元罚款;对事故队(组)长、支部书记、跟班副队长处500~800元罚款;给予当班班组长、安全员行政警告处分。

5.其他方面的事故视具体情况对照以上规定,结合安全绩效、安全技能账户、安全低压考核的相关规定进行考核追究。

6.重伤以上及一级非伤亡事故执行煤业公司《事故报告和调查处理制度》的相关规定。

第九条 对事故隐瞒不报、谎报或拖延不报,阻碍、干涉事故调查处理,故意破坏事故现场,拒绝接受调查以及拒绝提供真实情况和资料的单位,根据情节轻重,对相关责任人从事处理,给予主要领导行政警告直至撤职处分。

第十条 凡发生轻伤及以上事故、二级及以上非伤亡事故、涉险事故、重大未遂事故等不在规定时间进行上报的,拖延 2 h 以上、4 h 以上、8 h 以上者,对事故单位考核 500 元、800 元、1 000 元,同时视具体情况追究、考核单位人责任和现场责任人 200~1 000 元。推迟 24 h 以上的后果自负。

第十一条 以上考核由安全处按标准进行落实,罚款纳入矿安全基金。

第十二条 对于事故调查组提出的事故调查处理意见和防范措施,由安全科负责跟踪落实。

第十三条 事故统计

1.伤亡事故由矿安全部门负责建立台账,按规定统计上报。

2.非伤亡事故由矿调度室负责建立台账,按事故类型汇总后报安全部门统计上报,并按规定统计、分析、找出事故发生规律,采取得力措施杜绝事故发生。

第十四条 工伤证件办理

1.工伤事故是指职工在企业生产活动所涉及的区域内,因生产过程中存在的主观因素影响,致使作业人员损伤或某些器官丧失正常机能,造成工作中断的一切事故。符合以上条件者均可申报工伤。

2.职工负伤申报工伤时,需经医院诊断确定,可办理工伤审批。工伤证件办理由事故基层单位填报工伤申请登记表后,交安全部门统一办理。办理工伤证件时必须有事故追查分析报告,医院诊断证明和有关证件。

3.工伤证件必须在发生事故当月办理,下旬发生的事故可推到下月办理,但必须在 15 d 内办理完毕。否则,责任自负。

4.职工在企业生产活动所涉及的区域内发生工伤,事故单位必须按程序向矿调度室和安全科进行汇报,否则责任自负。

第十五条 本制度的解释权归矿安全生产委员会。

附事故等级分类说明:

1.特别重大事故:是指造成30人以上死亡,或者100人以上重伤(包括急性工业中毒,下同),或者1亿元以上直接经济损失的事故。

2.重大事故:是指造成10人以上30人以下死亡,或者50人以上100人以下重伤,或者5 000万元以上1亿元以下直接经济损失的事故。

3.较大事故:是指造成3人以上10人以下死亡,或者10人以上50人以下重伤,或者1 000万元以上5 000 万元以下直接经济损失的事故。

4.一般事故:是指造成3人以下死亡,或者10人以下重伤,或者1 000万元以下直接经济损失的事故。

5.重伤事故和轻伤事故按国家和上级相关文件规定进行核定。

6.一级非伤亡事故:凡出现下列情况之一的为一级非伤亡事故。

①发生的事故使矿井停工16 h以上或采掘工作面及生产系统停工3 d以上的。

②瓦斯煤尘燃烧、爆炸的。

③煤与瓦斯突出,其突出煤量超过 50 t(含 50 t)的。

④井下发火封闭采区或影响安全生产的。

⑤水灾使矿井全部或一翼停止生产的。

⑥采区通风不良,风流瓦斯浓度超限或瓦斯积聚,造成停产的。

⑦局部通风机无计划停风 60 min 及以上的。

⑧采煤工作面冒顶长度超过 10 m(含 10 m)、冒顶高度 1 m 以上的;掘进工作面冒顶长度超过 5 m(含 5 m)、冒顶高度 1 m 以上的;巷道冒顶长度超过 10 m(含 10 m)、冒顶高度 1 m 以上的。

⑨直接经济损失在 50 万~100 万元(含 100 万元)的。

⑩地面发生火灾造成直接经济损失 10 万~20 万元(含 10 万元)的。

⑪其他认定为性质恶劣的,情节特别严重的非伤亡事故。

7.二级非伤亡事故:凡出现下列情况之一的为二级非伤亡事故。

①发生的事故使矿井停工 4 h 以上但不足 16 h;或使采掘工作面、生产系统停工 16 h 以上,但不足 3 d 的。

②井下发火封闭采掘工作面的。

③煤与瓦斯突出,其突出煤量超过 10 t(含 10 t)的。

④按高瓦斯区域管理的地点局部通风机无计划停风 10~60 min(含 10 min)的。

⑤因水灾使采区停产的。

⑥采掘工作面通风不良,风流中瓦斯浓度超限或瓦斯积聚,造成停产的。

⑦采煤工作面冒顶长度超过 5 m(含 5 m)、冒顶高度 1 m 以上的;掘进工作面冒顶长度超过 3 m(含 3 m)、冒顶高度 1 m 以上的;巷道冒顶长度超过 5 m(含 5 m)、冒顶高度 1 m 以上的。

⑧副斜井提升绞车全速过卷超过 0.5 m 以上的。

⑨大型物件坠入井筒的。

⑩井下电缆或电气设备着火的。

⑪主排水泵停泵,造成泵房进水或淹泵的。

⑫直接经济损失在 10 万~50 万元(含 50 万元)的。

⑬小型压力容器、压风机风缸、风包及风管爆炸的。

⑭有毒、有害气体容器及管路泄露造成特别严重的后果的。

⑮35 kV 以上供电系统误停、误送电的。

⑯地面发生火灾造成直接经济损失 1 万~10 万元(含 1 万元)的。

⑰矿区内积水较多,主平硐、35 kV 变电所存在进水可能的。

⑱其他认定性质达到二级非伤亡事故的。

8.三级非伤亡事故:凡出现下列情况之一的为三级非伤亡事故。

①凡所发生的事故使矿井停工 1~4 h 或使采煤工作面、生产系统停工 4~16 h 的。

②通风不良或局部通风机无计划停电,使风流中局部瓦斯积聚,瓦斯浓度超过 3%的。

③局部瓦斯超限作业或防尘设施不完善造成粉尘浓度超标作业,不采取措施处理的。

④按高瓦斯区域管理地点通风无计划停风 10 min 以内的。

⑤煤与瓦斯突出,其突出煤量在 10 t 以下的。

⑥因水灾使一个采掘面停止生产的。

⑦直接经济损失 1 万~10 万元(含 10 万元)的。

⑧提升设备的断股、起吊设备断绳,副井提升绞车全速过卷 0.5 m 以内的。

⑨副井跑车的。

⑩锅炉缺水,压风机风缸捣毁,压力容器安全阀门失效的。

⑪溜子拉翻机头或机尾,拉翻绞车的。

⑫井下透水影响正常作业的。

⑬采煤工作面冒顶长度超过 3 m(含 3 m)、冒顶高度 1m 以上的;掘进工作面冒顶长度超过 3 m 以下、冒顶高度 1 m 以上的;巷道冒顶长度超过 3 m 以下、冒顶高度 1 m 以上的。

⑭地面发生火灾造成直接经济损失 2 000~10 000 元的。

⑮其他认定为性质达到三级非伤亡事故的。

2)完善生产环境

生产环境的好坏,直接影响生产操作人员的身心健康,因此,把生产现场的环境治理纳入煤矿安全管理工作的范畴来认识是十分必要的。针对矿井存在瓦斯、煤尘、火灾、水灾等自然灾害的问题,管理者应该设置专职的"一通三防"管理机构和防水的专门机构,并配备相应的专业管理人员或技术人员。另外,还应该改革煤矿开采工艺,合理进行采区设计,加强通风、合理使用个体劳保用品等,以创造适宜的环境温度;改善照明,创造经济合理的照明条件,提高职工工作环境的能见度,促进生产效率的提高。

3)加强职工队伍建设

加强安全生产教育和培训工作,努力提高人员素质,对安全事故危害严重的煤炭企业尤为重要。一要注重安全心理培训,因为实践证明,在紧张、危险的工作环境中,心理素质强的人会被激发斗志、振奋精神、增强信心,员工的技术素质就会得到更好的发挥,从而处理好险情,保证安全生产。二要强化技术安全培训,包括建立健全考核、培训、持证上岗制度;加强要害工种的专业培训和调岗工种的换岗培训。三要注重对于人员素质的培养和提高,通过多种形式的在职培训和教育不断提高员工各方面的能力和素养,确保其对煤炭开采高风险性的认识。

【案例】

××煤矿公司制订的《安全教育与培训制度》规定

1.为了贯彻"安全第一,预防为主"的方针,提高全体员工的安全生产技术素质,预防各类事故的发生,确保安全生产,特制订本制度。

2.为加强安全教育培训工作的领导,矿成立以矿长为 4 级安全培训中心主任,安全副矿长、总工程师、工会主席为副主任,工会、培训科、通防科、劳资科、机电科、生技科、安全科为成员的安全教育培训工作领导小组,协调配合,切实搞好教育培训工作。

3.矿每年要根据上级的要求,结合企业实际,由安全培训科编制本年度员工安全教育培训计划,并按计划组织实施。

4.矿新进员工培训时间不得少于72 h,培训内容要按照规定的《培训大纲》和上级主管部门的要求安排,经考试合格后方可录用。

5.矿山企业对员工安全教育培训应包括的内容:

(1)《矿山安全法》赋予职工的权利和义务。

(2)安全规程和有关的安全规章制度。

(3)与职工本职工作有关的安全知识。

(4)矿井各种事故征兆的识别,发生紧急危险情况时的应急措施和撤退路线。

(5)自救装备的使用和有关急救方面的知识。

(6)工种相关的作业规程和操作规程。

(7)企业安全文化。

(8)矿规矿纪。

6.新员工录用后,必须让有工作经验的师傅带领满4个月,经考核合格后,方可独立工作。师徒合同的签字由劳资科组织生产部门具体办理。合同一式3份,其中劳资、安全、生产部门各一份。

7.调换工种、转岗都必须先进行培训,培训时间不得少于20学时。

8.所有作业人员每年接受安全教育培训不得少于20 h。培训后分工种、分专业出题,由安全培训科根据实际情况安排时间培训,培训后由培训科组织监考老师进行考试。不合格者,不得上岗操作。

9.严格专业性安全技术知识教育,特殊工种作业人员必须经有培训资质的专门机构进行培训,考试合格,持核发的相应合格证,才能上岗操作。

10.加强特种作业人员管理,建立健全相关人员的档案,按期进行复训复审,严禁随意调换特种作业人员工作。违者,要追究相关责任人责任。

11.抓好队(车间)和班组安全教育培训工作,充分利用每周1次的安全生产会和班前会,结合本单位安全实际,进行安全知识的教育。教育培训的主要内容是上级下发的安全文件和制订的各项规章制度,以及《三大规程》《矿山安全法》《安全生产法》《安全标准化标准》《行业规章》《企业安全生产管理制度》《安全生产责任制》等。

12.坚持进行安全生产典型经验教育,推行事故案例教育法,"手指口述"教育法,《应知应会标准》教育法,大力宣传安全生产的好经验、好办法、好措施和新工艺、新技术;吸取事故教训,排查隐患,采取措施,避免类似事故发生。

13.重视生产现场岗位安全教育培训工作,纠正违章操作,规范操作行为。

14.充分利用安培中心教室、广播、黑板报、电视等形式,开展群众性、广泛性和经常性的安全教育,不断充实和更新安全生产技术知识。

4)加强煤矿安全信息管理

在煤矿安全生产管理中,通过广泛的途径和渠道,及时获取真实且准确的安全信息,有利

于最大限度地避免煤矿事故的发生。因此,必须充分重视安全信息的收集和利用。应该从以下 5 个方面入手:

①有关领导要进一步提高对安全信息管理工作重要性的认识,认真做好安全信息管理工作。

②完善安全信息机构,改善设施配置,健全人员配备。

③加强对信息员的培训和教育,提高信息员的素质。

④拓展安全信息收集渠道,实现信息渠道的多样化。

⑤加强煤矿安全信息网络建设。

5)加强企业安全生产要素投入

先进设备设施的采用可大大提升煤炭生产的安全性,减少员工伤亡事故的发生。因此,煤炭企业要保证本企业安全生产投入的有效实施,按照国家规定配备安全生产设备,并定期组织检验、维修,确保安全生产设备完好、有效。要坚决改造落后的机电设备,淘汰高耗能、低效率、不安全的机电装备。提高主系统设备的可靠性,严禁拼装、改造机电设备。积极采用新技术、新装备来更新老式的设备。大力推进煤矿机电装备的信息化、自动化、数字化、机械化进程。

第 **4** 章
精细化管理的发展

4.1 精细化管理的优势

精细化管理是相对于煤矿企业的粗放式管理而言的。精细化管理以建立科学流程为核心,强调管理过程的数量化和精确性,是更为高效、更为节约的一种现代企业管理模式。精细化管理的优势主要表现在以下 4 个方面:

(1)以建立科学管理流程为核心

随着我国市场经济体制的建立与发展,经济增长速度稳步提高,人民的物质需求增大,企业把握了良好的机遇而迅速发展,企业管理的精细化、集约化也被提到了日程上来。因此,建立科学的管理流程,不断改善企业管理方法,成为了企业的必然选择。

(2)建立以"数字化"决策的管理体制

精细化管理主张"用数字说话",以严谨的态度对待企业的生产经营活动成为必需。煤矿企业对煤炭产量、质量、生产成本、原材料价格等都必须依据数字来进行决策。各类数据的精细、准确是提高煤矿企业管理水平的保证。如煤炭产品满足用户要求等,都是要通过各类指标体现的。因此,相对于粗放管理而言,精细管理通过对企业生产经营中大量数据的分析来掌握企业生产经营现状,及时作出决策。

(3)企业以财务管理为主线

随着精细化管理在煤矿企业的推广应用,企业的财务状况越来越被重视,煤炭生产成本和物资周转等指标,成为反映企业经营情况的重要依据。产品质量、销售收入等指标都是紧密联系的,因此企业不能为了提高质量而不顾虑其他指标,也不能为了降低成本而忽视安全的投入;而是要充分考虑指标联动机制,在保证安全生产的前提下,不断改善煤矿企业的财务状况。

(4)构建学习型矿山

精细管理对企业的领导决策能力提出了更高的要求。从人的成长过程可以看出,个体越过快速成长阶段后必须开始学习,同时关注自身的健康情况以及职业的发展。企业和人一样,也必须有学习的能力与过程,在生产经营管理中不断总结经验、汲取教训,从而实现企业目标。因此,构设学习型矿山也是精细管理的一个重要特征。

4.2 推进精细化管理的必要性

煤炭企业管理是一项复杂的系统工程。特别是中小煤炭企业,经营管理方式粗放,普遍存在人员素质偏低、职责不清、效率低下、作业环境差、安全压力大等问题,严重制约了企业的安全健康发展。只有通过实施精细化管理,才能保证煤炭企业实现安全高效发展。结合重庆市小煤矿生产实际,它建立了一套相对完善的精细化管理制度,形成了统一、科学、系统的管理模式,以推动企业生产安全持续稳定发展。

精细化管理是企业为适应集约化和规模化生产方式而建立的一种管理模式。它通过精确定位、合理分工、细化责任、量化考核,对每个部门、每个岗位的职责定位准确,细分工作职责和办事程序,对经营行为过程和结果进行及时考核,从而建立制衡有序、管理有责、高效运行的管理体系。

(1)精细化管理是实现安全发展的要求

中小煤炭企业走精细化管理之路,必须建立以员工行为规范为基准、以绩效考核为目标、以动态式管理、标准体系为支撑点的全方位精细化管理,使管理细化到每个人、每件事、每一天、每一处,形成人人有标准、事事有标准、时时有标准、处处有标准的标准化管理格局。严格细化质量标准,建立"纵到底、横到边,事事有人管、人人有专责"的岗位标准,使各项精细化管理渗透到每一个管理环节的缝隙,使不同岗位的员工按照各自标准操作,减少工作的盲目性和随意性,避免随意性造成的诸多安全隐患。通过对每个细小环节的管理,及时查堵漏洞,及时解决问题,大到一条巷道,小到一颗螺丝、一根锚杆,都要根据标准要求进行精细化管理,从而把安全隐患消灭在萌芽状态,实现矿井的本质安全。

(2)精细化管理是实现高效发展的要求

精细化管理从整体效益出发,按照系统优化的总体思路,控制生产现场的每一道工序,每一个环节,制订每一道工序的标准并严格操作规程。它根据煤炭生产的产品质量、工程质量和安全质量的要求,采取科学、有效的手段,对生产过程中影响工序质量的人员、机器、材料、方法、环境等因素进行控制,并通过对工序的研究分析,理顺生产过程中的环节,减少或取消多余的操作程序,形成科学、规范、顺畅的生产流程,进而减少生产环节,提高效率和效益。比如××煤矿在抓掘进进尺上,通过查找问题、想办法,剔除了影响进尺的不利因素,解决了瓦斯抽采与掘进进尺相互制约的矛盾。

4.3　推进精细化管理的方法

在推进精细化管理过程中,需要重点抓好"4 个环节",逐步推进。

(1)转变观念,做到事事有安排

在推进精细化管理过程中,管理干部认识要到位,观念要转变。一些中小煤矿的管理人员在精细化管理的认识上存在误区,有的已经习惯于粗放式的经营模式,对各项工作都是以包代管,大而化之;有的以地质条件差、人力不足作为理由,压根儿不将精细化管理的要求和精神落到实处。所以,推进精细化管理必须采取"走出去"的办法,到先进矿井学习,开阔视野,找出差距,亲身感受精细化管理带来的成效。管理干部要消除畏难情绪,树立信心,做到靠前指挥、深入现场、深化、细化管理,养成"细心、耐心、细致"和"勤思考、带头干、敢负责"的良好作风,严密控制各个生产环节,明确目标任务,细分工作职责,消除任何死角和盲点,狠抓落实到位。管理人员必须要加强自身学习,提高自身素养,提升管理知识和专业技能知识水平,确保在工作中做到科学决策、合理规划、措施得力,不断推进精细化管理的进程。

(2)完善制度体系,做到事事有标准

煤矿管理制度是员工在生产经营活动中共同遵守的规定和准则。对此,要从完善、细化规章制度和工作标准入手,建立一整套包括组织机构设置、部门职能分工、岗位职责细则、工作流程以及各个专业管理标准,使员工做到有章可循、有规可守。同时,对建立的各项制度和标准,要深入调研、认真推敲,使其符合煤炭行业的科学管理原理,避免出现管理漏洞。坚持把规范员工行为作为一个重要内容来抓,采取加强培养教育、潜移默化、持续推进等有效手段,增强员工的自觉意识,形成全员遵纪守规的良好习惯,确保制度标准的规范性和有效性。

(3)强化责任,做到事事有人管

责任是推动各项规章制度和任务落实的一个重要因素。通过建立完善的岗位责任制和具体工作的量化分解,实现从区队、班组到个人权责清晰、管理科学。同时,本着谁主管谁负责的原则,建立领导干部第一责任人制度,要求领导干部率先垂范,自觉履行自身职责,起到示范、督促作用。按照一级对一级负责的原则,在工作中,建立层层负责的责任管理制,加强监督检查和责任追究。对于不能严格履行职责,不能按时完成任务的,根据规定进行责任追究,确保层层有压力,工作有动力,事事有落实。

(4)严格奖惩,做到事事有考核

通过考核、奖励、处罚等手段,引导、培育和推进精细化管理。在考核过程中,本着有利于调动员工积极性和创造性的原则,严格加以考核。

①考核要具有层次性,一级考核一级。

②考核要具有全面性,从管理者到每一名员工,从经营管理、后勤服务到安全生产,全部都要进行考核,并归档管理。

③考核要做到"严"字当头、严格标准、严格要求,领导干部和工作责任人要以身作则,带头执行。

④考核要真实有效，一切从实际出发，查实情、说实话、办实事、求实效，做到数据准确、过程真实、结果可靠，让员工信服。

⑤根据考核结果，严格奖惩兑现。通过奖励，对于工作优异的给予肯定和表扬，促其保持和发扬；对于工作消极、成绩较差的给予否定和批评，促其消除过错、不断完善自我。

4.4 精细化管理创新

精细化管理创新要求管理体制、管理思路、管理理念、战略决策、组织结构、人才管理的方方面面都要创新。

(1) 管理体制创新

企业管理体制是一个组合的概念。所谓的企业管理是指对企业内部各生产要素进行计划、组织、控制、协调和优化资源分配以实现企业生产目标的企业行为。而管理体制是指组织框架，主要有5个方面：一是上下层次的总体组织框架；二是公司法人管理结构；三是职能部门的组织架构；四是上下单位、部门的权责界定和职能划分；五是组织结构的运行机制和流程。而管理体制创新是指企业为了适应企业内外部环境的变化要求，及时并迅速地对企业的管理体制进行调整、改造、革新和创新。这里强调的是创新，主要包括机构调整和权责、职能的重新划分调整，还有对运行流程、运行程序的重新设计等。总之，就是形成以创新来适应企业发展需求的管理体制和运行机制。

(2) 管理思路创新

对于大多数煤矿企业而言，在现有的基础上发展企业的关键是在企业发展模式和管理模式上的突破和创新，就是要寻求一种新的管理模式，能够适应我国现在的经济发展模式，构建以人力资源为基础，以计划管理和成本控制为主线的管理体系。

第一是以流程管理为纲，重组相关的职能部门。这样就可以缩减企业的中间管理层次，大大地降低企业管理成本，同时还可以模糊员工的分工界限，实现工作目标共享，使团队的每一位员工都参与到流程的管理中，关心流程结果的利益，调动员工的积极性。同时，减少中间环节，大大地提高了工作效率，保证了信息的快速和真实性，加快了对市场和竞争动态的反应能力。第二是增强管理的柔性，建立柔性的运作体系，这样就提高了管理的灵活性。第三是组织结构扁平化、管理简单化，形成简短、灵活的指挥链。这样做可以加大控制弧度，达到组织结构扁平化的目的。第四是增强战略管理。在市场经济的背景下，战略是一个企业的兴亡大计，尤其随着我国市场经济的发展，企业成为市场主体，战略职能部门就显得更为重要。所以说现代战略管理是企业制胜的关键。

(3) 管理理念创新

精细化管理模式是基于流程的、系统的、经营的、人的管理。其管理目标有7个：一是在市场经济体制下，获得市场配置煤矿资源的效率，调整和优化企业产业结构。二是形成包括岗位设计、测评和薪酬体系、奖励和考核的体系，人事、企业文化等建设的多层次管理的人力资源管理系统。三是形成强有力的以生产计划和成本控制为主的内部高效管理机制，实现规范化和标准化的生产和安全管理。四是要从追求政绩管理的观念转变为承担盈亏责任的自我管理理念，实现企业以盈利为目的的目标。五是改变单一生产意识为追求经济效益的市场经济意识，以市场为导向组织生产。六是在追求市场经济效益的同时，要考虑生产对社会发展和环境保护的责任，不能忽视企业的社会功能。七是在当前复杂的竞争环境中，要从竞争理念向竞争与合作相统一的理念发展，建立多样化的竞争与合作关系。

（4）战略决策管理创新

决策管理是关系企业兴衰成败的关键。面对复杂的竞争环境，企业管理人员必须充分运用现代信息技术，掌握市场信息。企业科学决策和依靠准确的信息系统是企业决策管理创新的主要内容。战略是一个企业的兴亡大计，是企业制胜的关键，是企业发展的方向。精细化战略管理使企业始终能体现先进生产力发展的要求，能够保持长久的生命力，还能够准确地把握未来可能发展的产品及市场范围，使企业赢得持续的竞争力。所以要高度重视战略管理创新。

（5）组织结构创新

高效的组织结构是实施经营战略的组织保证和前提。为了适应市场经济和先进生产力发展要求，企业要进行组织结构的创新。首先是把权变的组织设计观引入企业的组织设计中，使组织结构扁平化、管理简单化，形成简短、灵活的指挥链。然后是建立高效的组织结构，明确定位企业各部门的职能和职权，使员工明确自己在企业中应有的权利和责任。最后，当然是以市场为导向建立的企业组织结构才具有高度适应市场经济的能力。

（6）人才管理创新

作为现代煤矿企业，想要管理的创新就必须要有人才管理的创新，因为人是管理的主要内容，人的因素是应该放在第一位的，人才管理的创新就是以人为本地进行管理。企业如何吸收人才，留住人才，如何充分挖掘人才的潜能，是人才管理必须创新的主要内容。

创新是企业发展的动力，精细化管理创新是适应时代发展要求的，也是企业发展和增强市场竞争力的要求。管理体制、管理思路、管理理念、战略决策、组织结构、人才管理这6个方面的管理创新，是一个有机的整体，企业应找出突破口或重点，全面铺开精细化创新的新局面。

4.5　精细化管理后语

①理论分析和实践证明，精细化管理作为一种科学的管理理念和管理技术，是转变经济发展方式的重要措施。它通过标准化、数量化的管理工具，强调对管理对象和流程的严密管控，以最大限度地节约资源、降低成本、提高效益。精细化管理是煤炭企业实现科学发展的新举措，有必要在重庆小煤矿全面推行。

②精细化管理借助数量化的规则，通过岗位定额量化管理与全员参与，将企业战略目标和发展任务层层分解并精确落实到个人，真正实现了管理责任的具体化和明确化，这从根本上解决了企业稳定发展的动力源泉问题以及传统管理模式下企业内部职工的责任不清问题。

③我国煤炭产业发展过程面临诸多难题，来自资源、环境和安全方面的压力也不断加剧。为保障其健康发展，促使其集约化水平进一步提升，除继续加快推进煤矿企业兼并重组，加大科技投入，积极引进先进工艺等之外，还迫切需要转变煤炭企业的管理方式。

④精细化管理是实现煤炭企业安全发展的有效途径。精细化管理作为贯彻落实安全发展观的具体措施，通过不断建立健全安全生产制度，积极改进安全保障措施和办法，严格安全实施细则及要求，将安全管理理念植入到了生产的每个环节和细节，真正实现了"安全生产、人人有责"，同时极大地提升了员工的安全意识、职业技能、安全技能和自保互保能力，最大限度地减少了误操作，降低了安全事故的发生。不难看出，精细化管理是实现煤炭企业安全生产的一个有效途径。

⑤精细化管理是现代煤炭企业管理模式创新的突破口。事实证明，精细化管理的成效是显著的，它在不同程度上促进了煤炭企业经济效益和管理效率的提高，对解决煤炭企业管理薄弱、经营效益差、职责不清等问题发挥了积极作用，主要体现在：企业活力大增，经济效益提高；企业内部"大锅饭"被打破，职工收入大幅上升；学习氛围异常高涨，员工素质普遍提高；安全意识不断增强，安全发展成效突出；管理水平整体提高，工作氛围根本好转；企业文化不断丰富，社会影响逐渐扩大。这些实践结果都在客观上证明了精细化管理是现代煤炭企业管理模式创新的突破口。

参考文献

[1] 吴宏彪,赵辉.精细化管理持续改善[M].北京:北京理工大学出版社,2013.

[2] 姚水洪,陈仕萍.现代企业精细化管理实务[M].北京:冶金工业出版社,2013.

[3] 宋文强.现场精细化管理(图解版)[M].北京:化学工业出版社,2011.

[4] 汪中球,吴宏刚,刘兴旺.精细化管理[M].北京:新华出版社,2015.

[5] 徐志勤.安全隐患闭环管理在煤炭企业中的实践与创新[J].企业管理,2009.

[6] 边天亮.煤炭企业如何科学构建岗位精细化管理模式[J].中国煤炭工业,2012.

[7] 孙爱东.浅析安全管理积分制考核的创新与实践[A].中国职业安全健康协会 2009 年学术年会论文集[C].北京:煤炭工业出版社,2009:97-101.

[8] 颜廷旭.煤炭企业巡视式精细管理探析[A].全国煤炭企业精细化管理优秀论文集[C].北京:企业管理出版社,2008:446-449.

[9] MBA 智库百科. http://wiki.mbalib.com/wiki/.

[10] 王敬阳.煤矿安全精细化管理研究[D].河北:河北工程大学,2005.

[11] 曾庆军.论如何推进煤矿安全精细化管理工程[J].煤炭技术,2012,25(6):153-154.

[12] 谭素红.试论煤矿精细化管理[J].价值工程,2013,36(2):211-212.

[13] 刘颖.精细化管理固化煤矿安全生产三大基础[J].现代经济信息,2014(6):130.

[14] 郝曙亮.强力推进精细化管理提升企业核心竞争力[J].中国管理信息化,2015,18(3):93-94.

[15] 张建平,王珍,路聚莹.精细化煤矿安全管理体系研究与应用[J].煤矿安全,2012,42(1):190-192.

[16] 王虹桥.基于精细化与自主化的煤矿安全管理体系研究[J].中国煤炭,2010(7):119-121.